J. Heath sculp!

The Levee. Le Lever du Petit-maitre.

# MONUMENT
DU
# COSTUME
## PHYSIQUE ET MORAL
DE LA FIN DU

*DIX-HUITIÈME SIÈCLE;*

OU

# TABLEAUX
## DE LA VIE.

---

TOME SECOND.

---

*A LONDRES:*

Chez C. DILLY, *Poultry.*

M. DCC. XC.

# TABLEAUX DE LA VIE.

## TABLEAU XIII.

### LE LEVER DU PETIT-MAÎTRE.

LE jeune DUC DE B*** venoit de se lever : c'étoit un de nos agréables, bien fat, bien impudent, déjà maître de lui-même, & d'une fortune capable d'enrichir cent familles. Son valet-de-chambre le chaussoit ; son maître-d'hôtel lui apportoit ſon chocolat ; ſon ſecrétaire, petit Abbé coquet, écrivoit, tantôt ſous la dictée, tantôt de ſon chef, les billets doux de Monſieur le Duc : une jolie parfumeuſe, au nez retrouſſé, apportoit, dans un carton, des parfums, des ſavonnettes, & des gants : elle préſente les gants.

“ Ah ! ah ! elle eſt jolie,” dit le Duc, en lui prenant le menton.

“ Monſieur le Duc, ces gants ſont parfaits.”

“ Votre mutine figure l'eſt bien davantage . . . Elle eſt voluptueuſe . . .”

“ Touchez . . . C'eſt ſoyeux . . .”

“ Et votre peau ſatinée . . .”

“ Achetez *cela* . . .”

“ J’achéterai *ceci* . . . Combien ? . . . Mais je badine . . . Ces marchés-là ſe font tête-à-tête . . .”

L’Abbé ſourioit : le gros BONNEAU, qui produiſoit la marchande, la couvroit d’un regard protecteur. Monſieur le Duc prit ſon chocolat ; on acheva de le chauſſer ; & tout le monde ſortit.

“ Vous êtes vraiment aimable ! . . . Mais il falloit venir plus matin. . . Cauſons . . .”

“ Monſieur le Duc, je ne viens pas pour moi. . . Monſieur BONNEAU doit vous avoir dit . . .”

“ Non, non ! il ne m’a rien dit. . . Mais je vous vois ; & vous êtes très-intéreſſante. . .”

“ Monſieur le Duc eſt bien bon . . . Mais j’ai vingt-trois ans ; & je ne ſuis pas . . .

ce qu'il faut à Monſieur le Duc . . . Je n'ai aucun des talens agréables qui donnent du relief : je ſuis, à ce que l'on dit, une aſſez jolie laideron ; mais ma figure eſt commune ; la grande parure l'enlaidit ; & vous ne pourriez la préſenter nulle part."

" Elle eſt unique ! ſa franchiſe la rend piquante . . . Enfin tu n'es pas venue uniquement pour m'appporter des gants & des odeurs ?"

" J'ai une nièce charmante !"

" Ah ! . . ."

" Quatorze à quinze ans ; les plus belles couleurs ; une peau fine ; un minois éveillé ; ſachant la muſique, & mettant au clavecin tous les airs poſſibles ; commençant à jouer la comédie, rue Tarane, avec tant de graces & de ſuccès, qu'AUDINOT nous offre mille écus en commençant, & NICOLET le double. Enfin, c'eſt un bijou ; mais nous ne voulons pas la donner à ces ſpectacles, où l'excès du rouge gâte le teint, & qui l'aviliroient, ſur-tout le dernier."

" Voilà des détails intéreſſans ! ... Mais, ma chère, nous avons tant de petites filles à préſent ! ... A moins qu'une jeune perſonne n'ait un nom fait par des ſuccès ſur quelque grand théâtre, on ne s'en ſoucie pas. Quel eſt l'honnête homme qui voudra ſe ruiner inglorieuſement pour une petite bellote obſcure ? ... Ce n'eſt pas là ce qu'il nous faut, à nous autres gens du bel air. Un monſtre célèbre, comme la R—v ; une beauté méchante & ſurannée, comme C—T ; ou une virtuoſe mauſſade, mais bien en ſcène, comme la petite R—D ; voilà ce qui nous tourne la tête."

" Ah ! Monſieur le Duc, eſt-il poſſible ?"

“ Tiens ; je te prendrai, toi, pour quelque tems : tu es ſans conſéquence, une .... jolie griſette ...”

“ Monſieur, ce n’eſt pas mon état.”

“ Et c’eſt celui de ta nièce ?”

“ Pas encore : mais ſachant comme vous êtes galant, généreux, & voulant la mettre au théâtre, nous avons cru, ma mère & moi, que vous ne refuſerez pas de devenir ſon *protecteur*, & de lui faciliter les débuts, la réception.”

“ Eh ! elle n’a qu’à reſter médiocre, comme j’en vois tant ! On dira, C’eſt pourtant la protégée de M. le Duc DE B*** ; & me voilà chargé du plus grand ridicule, déshonoré ! ... Ma foi, non.”

“ Ah ! ſi vous la voyiez, Monſieur le Duc ! M. BONNEAU fait ...”

« Ma chère, tu ne ſais pas que je ſuis au-deſſus de toutes les foibleſſes. »

« Quoi ! déjà, Monſieur le Duc ! »

En achevant ce mot fin, la Parfumeuſe touſſa, & M. Bonneau parut, tenant par la main une jeune beauté raviſſante, modeſte, dont la taille joncée annonçoit ce bel âge, ce premier mois du printems de la vie entre quatorze & quinze ans.

« La voilà, » dit froidement le Duc : « oui... oui... elle eſt jolie... Laiſſez-la moi... environ... une heure... je verrai. »

Bonneau ſourit, & ſe retira, en faiſant ſigne à la Parfumeuſe de le ſuivre.

Mais Zaïre ſe jetta ſur la main de ſa tante, & ne voulut pas la quitter.

“ Fort bien ; fort bien joué !” dit le Duc : “ elle eſt comédienne ! Mais c’eſt aſſez...Reſtez, petite ; & vous, allez avec M. Bonneau.”

Zaïre ne voulut jamais abandonner la main de ſa tante.

“ Mais qu’eſt-ce que c’eſt que cela ? Comment donc l’avez-vous élevée ?.... Remmenez-la.”

La Parfumeuſe ſortit avec Zaïre. Elles ne furent pas au bas de l’eſcalier, que Monſieur les rappela : mais ni la tante ni la nièce ne voulurent remonter.

C’eſt que la Parfumeuſe n’étoit pas auſſi coupable, auſſi vile, qu’elle l’a paru d’abord. M. Bonneau, pourvoyeur de ſon maître, avoit vu la petite Javote dans la boutique de ſa tante, rue Mazarine : il avoit l’air *d'un homme comme il faut* ; il avoit offert sa protection, changé le nom de JAVOTE en celui de ZAÏRE, donné des maîtres, & fait jouer la comédie, en surveillant la petite avec l'attention d'un eunuque noir. Il avoit ensuite parlé du Duc, comme d'un protecteur : mais rafiné dans son art, il ne l'avoit pas prévenu, bien sûr d'être approuvé. Le Duc ignoroit donc toutes ces précautions, & n'avoit pas grande opinion de la vertu de ZAÏRE ; mais instruit en deux mots, après l'avoir renvoyée, il l'avoit fait rappeler. Heureusement que la tante & la nièce sortirent vîte de l'hôtel.

En arrivant chez elles, la Parfumeuse & ZAÏRE y trouvèrent une Dame respectable, dont la bienfaisance étoit alimentée par un excellent cœur & une grande fortune. Elles lui racontèrent naïvement ce qui venoit de se passer. La Dame connoissoit le Duc. Elle frémit du danger que GENE-

VIEVE venoit de courir. Elle offrit de l'emmener : on la lui confia ; & ce fut, pour cet enfant, un coup du ſort.

Madame DE CH** fut enchanté de ſes ſentimens, de ſes talens même : elle en fit ſon amie, & lui forma le cœur. Comme elle la menoit par-tout avec elle, on la prit pour ſa fille : une Princeſſe la lui demanda. Madame DE CH**, avant de la donner, dit la vérité.

La Princeſſe ſourit. Elle prit ZAÏRE, à laquelle elle rendit ce nom, & en fit ſa favorite. Un Marquis l'a depuis épouſée, dotée aſſez richement.

Ce fut à cette époque, environ le ſixième mois de ſon mariage, qu'elle retrouva le Duc chez la Princeſſe, où elle dînoit. Il l'admira beaucoup ; mais il ne pouvoit la reconnoître. Il en devint éperdument amoureux, & employa les bienfaits à l'égard du mari. La vertu de la jeune Marquiſe étoit au-deſſus de toute atteinte. Mais un jour qu'il l'avoit ſurpriſe ſeule, il fut preſſant.

« Je vous dois beaucoup," lui répondoit-elle ; « ſi vous aviez été un peu meilleur, je ne ſerois pas ce que je ſuis : vous avez pu me perdre . . . C'eſt tout ce que je vous dirai . . . . Rappelez-vous toutes vos méchancetés, & vous m'y trouverez compriſe."

Elle ſe tut : mais le Duc en avoit tant fait, qu'il ne put la démêler. Ce mot l'intrigua cependant. Il chercha tant qu'il trouva.

Un autre jour, lui ayant encore procuré un tête-à-tête avec elle, il ſe mit à ſes genoux :—" Mes vices vous ont fait Marquise," lui dit-il ; " c'eſt une obligation que vous leur avez, & qui doit nous réconcilier."

# TABLEAU XIV.

## LA PETITE TOILETTE.

MONSIEUR ſe faiſoit coëffer : le coureur étoit prêt à porter les billets du matin, lorſqu'on avoit annoncé le tailleur : un gros homme en noir étoit entré, ſuivi de ſon garçon : il déploie un habit, il en montre la manche, & le garçon les baſques.

« C'eſt cela," dit Monſieur le Marquis. ...« Mais quels boutons vous avez mis là ! Ce n'eſt pas le dernier goût."

« Pardonnez, Monſieur le Marquis, pardonnez !"

« J'en ai vu hier au DUC DE F** ; c'eſt ainſi que je les voulois... Remportez cela,

& revenez dans une heure : je ſortirai *en chenille* . . . . Dans une heure, entendez-vous ?"

Le valet de chambre & ſon ſecond, qui eſſayoit le feu, penſoient, Notre maître eſt bien difficile ! ils ſavoient peut-être le fin mot ; c'eſt qu'il falloit gronder le tailleur, de peur qu'il ne préſentât un long mémoire . . . . Cependant le Marquis ne l'eſquiva pas ; il demanda humblement à dire un mot à Monſieur le Marquis, d'une affaire de la plus grande importance, pour laquelle il auroit beſoin de ſon crédit.

A ce mot de crédit, toujours charmant à ſon oreille, dans les deux ſens, le jeune Marquis fit retirer ſon monde ; & même il oublia de donner les dépêches à ſon coureur.

" Qu'eſt-ce, mon ami, Monſieur ROUFFLET ?" dit-il au tailleur.

« Monfieur le Marquis, c'eft ... que je marie ma fille ADELAÏDE... Si vous faviez comme elle eft jolie ! ... Elle époufe ... un Avocat ... C'eft un excellent parti ... car il a de la célébrité ... beaucoup ! ... Et je lui donne ... pour dot ... le montant de nos petits mémoires ... que voici ... »

« Mes mémoires pour dot, à votre fille ! »

« Oui, Monfieur le Marquis ... Savez-vous, Monfieur le Marquis, que je n'ai jamais reçu d'à-compte, depuis votre majorité, & que ça fe monte ... à ... vingt mille écus ? ... Mais vous êtes bon, & je n'ai point d'inquiétudes .... Je ne vous demande pas un fol ... Mon gendre eft fort amoureux, & il n'exige rien ... D'ailleurs il eft Avocat .... Vous vous arrangerez avec lui le mieux du monde ... Il faut le prendre pour votre *Confeil*, fi vous avez des procès. »

Le MARQUIS DE L** étoit profondément occupé, tandis que le tailleur péroroit. Il sentoit que l'artisan rusé prenoit un sûr moyen d'être payé, sans perdre une obole.

Monsieur DE L** avoit alors une intrigue pour laquelle il vouloit sacrifier précisément la somme qu'il devoit à son tailleur. Quoique prodigue, il étoit parvenu à l'amasser : elle étoit complette. Ce n'est pas qu'il aimât la petite personne ; son cœur étoit blasé ; il n'aimoit rien, pas même le plaisir, qu'il se procuroit sans goût, & qu'il ne poursuivit que par corruption : triste & malheureux état de nos *Roués* à la mode, dignes de ce nom odieux, qu'ils ont eux-mêmes adopté !"

" Je voudrois voir votre fille," dit-il au tailleur, " & savoir si elle vaut la peine que je me prive d'une jolie aventure, une petite

petite grisette charmante, pour lui compléter sa dot."

"Volontiers, Monsieur le Marquis ; elle viendra ici avec son prétendu."

"Demain soir ?"

"Demain soir, Monsieur le Marquis."

"Je leur donne à souper."

"Bien de l'honneur, Monsieur le Marquis."

"Vous en serez, si vous voulez."

"Ah ! ah ! c'est trop d'honneur, Monsieur le Marquis."

"Allons, allons ; vous en serez ; il le faut."

Ce fut une chose arrêtée ; & le tailleur s'en retourna.

Mais quelle étoit l'idée du Marquis ? Elle étoit fcélérate. Il avoit de l'efprit : il avoit fenti que fes mémoires donnés en dot à un Avocat, il falloit payer, qu'il n'y avoit pas là moyen de trouver un échappatoire : en conféquence il eut, pour la première fois de fa vie, une idée économique.—" Si la fille du tailleur vaut la grifette, je lui ferai gagner fa dot. C'eft jolie fille pour jolie fille. Si elle ne la vaut pas, je verrai."

Il attendit le lendemain foir.

A fept heures, le Tailleur & l'Avocat arrivent en fiacre : Mlle ROUFFLET defcendit radieufe, & conduite dans l'appartement du Marquis.

" Vous arrivez un peu trop tôt," dit le valet de chambre : " Monfieur n'eft pas rentré. Mais en attendant, à quoi voulez-vous vous amuser? Il y a d'excellent vin, un trictrac, des dames, des échecs, des cartes... un domino, un loto... un billard..."

"Du vin d'abord," dit le tailleur, "& du bon! Nous verrons après."

C'étoit l'hiver; on se mit auprès d'un grand feu. Le valet de chambre mit un écran devant la belle, & servit du meilleur.

L'Avocat étoit sobre; mais rien n'empêchoit qu'il n'aimât le bon vin. Il en but pour faire raison à son beau-père; il observa même à la future, qu'elle avoit dîné à midi, que sa toilette l'avoit empêchée de goûter, & qu'elle pouvoit prendre un biscuit dans un verre de malvoisie. Le valet de chambre appuya, en disant que son maître ne soupoit qu'à minuit. On but; enfuite on joua une partie d'échecs. Le grand feu altéroit le tailleur; il buvoit pour mieux voir les coups; & fon gendre, gros garçon vigoureux, ne pouvoit guère le laiffer boire feul.

Qu'arriva-t-il?

Environ fur les neuf heures, le tailleur s'affoupit: fon gendre crut qu'il méditoit un coup; il attendit, & s'endormit à fon tour. Mlle ROUFFLET, qui n'avoit bu que deux verres de malvoifie, ne dormoit pas; mais elle avoit trouvé fur la cheminée un livre érotique, dont elle parcouroit les eftampes.

Ce fut en ce moment qu'arriva le Marquis.

Il fut furpris de la beauté de Mademoifelle ADELAÏDE ROUFFLET; il la falua.

Elle ſe leva en rougiſſant, & voulut éveiller ſon père. Monſieur DE L** l'en empêcha. Il l'emmena dans ſon cabinet.

Ce qu'on avoit mis dans le vin de malvoiſie commençoit à travailler : ADELAÏDE étoit brûlante ; & une ſéduction qui auroit été impoſſible, devint aiſée, aidée par l'opium . . .

Le coupable MARQUIS DE L** n'étoit pas à ſon eſſai : il fut ſans remords. Il ramena la jeune perſonne auprès de ſon père & de ſon futur, qui dormoient encore ; & là, il lui dit : « Vous ſentez de quelle importance il eſt pour vous, de ne jamais dire un mot de ce qui vient de ſe paſſer ! Je ne vous ai pas fait violence : vous vous êtes jettée dans mes bras . . . »

« Ah ! Monſieur, j'étois donc folle ! »

“ Non, vous avez ſenti ce que vaut un homme comme moi ... Je vais faire éveiller ces deux hommes : ſechez vos pleurs, & n’en laiſſez paroître aucune trace ; ils pourroient en demander la cauſe.”

Il lui fit enſuite avaler du thé. Le valet de chambre éveilla le Tailleur ; & le Marquis ſe retira. L’Avocat eut ſon tour ; tous deux prirent du thé : ils étoient honteux de s’être enivrés ; mais le valet de chambre leur fit obſerver que c’étoit l’effet du grand feu.

Deux heures après, le Marquis revint. Il étoit minuit. On ſe mit à table : on mangea, on but : les mémoires furent tous quittancés ; & la ſomme fut comptée. L’Avocat étoit ravi. ADE'LAÏDE ſeule étoit un peu triſte. On ſe ſépara vers les trois heures.

Le lendemain, le tailleur, en s'éveillant d'un long ſommeil, chercha l'argent. Il ne le trouva pas. L'Avocat, qui venoit d'arriver, ne s'en étoit pas chargé."

« Nous ſommes trompés," s'écria le tailleur ; & il ſe diſpoſoit à courir chez le Marquis, lorſqu'on s'aviſa d'entrer chez ADE'LAÏDE. Elle étoit en pleurs ; mais elle avoit les vingt mille écus, ce qui raſſura ſon père.

Quant à ſes larmes, en fille de Paris, elle ſut y donner un motif ; elle regrettoit ſon état de fille ; & ſa dot même, qui aſſuroit ſon changement d'état, la chagrinoit en ce moment. On fut content de ce pudique motif.

Le mariage ſe fit quelques jours après. L'Avocat vit avec étonnement.... Il eut recours au Docteur MITIE', après que sa femme lui eut tout avoué.

Que faire ?

Il est des crimes pour lesquels il ne sauroit y avoir des loix : le seul moyen de les punir, c'est de les publier, & d'indiquer le nom du coupable.

On sait comme a fini le MARQUIS DE L**.

# TABLEAU XV.

## LA GRANDE TOILETTE.

MONSEIGNEUR eſt habillé : il eſt debout depuis quelques minutes : ſon cordon bleu eſt paſſé : on lui attache ſa bourſe ; & il a ſon bouquet. Une jolie femme eſt aſſiſe auprès du feu : l'ordre de laiſſer entrer eſt donné. Déjà deux officiers ont été admis à faire leur cour ; & l'on annonce un auteur qui vient préſenter ſon livre relié en maroquin doré ſur tranche, avec les armes de Monſeigneur ſur le plat.

Rien de ſi expreſſif que les armoiries placées ſur un livre ! Tout y eſt exprimé : champ d'or, champ d'argent ou d'azur, les gueules, les pièces nobles ; tout y a ſon métal & ſa couleur : ſi j'étois grand, ou ſeulement riche, je voudrois qu'on me dédiât au moins tous les ans un livre.

L'auteur eſt un jeune homme ; c'eſt ſon premier ouvrage. Auſſi, malgré ſa timidité, voit-on dans ſes yeux une certaine aſſurance . . .

" Monſeigneur, daignez accepter l'hommage . . ."

" Un hommage ! . . . Préſentez-le à Madame."

La belle ſourit indifféremment.

Elle ſera cependant charmée de ſatisfaire ſa curioſité, d'ouvrir le livre la première, de voir les eſtampes, s'il y en a ; & de lire l'épitre dédicatoire, ſi elle eſt courte, ſpirituelle, ſur-tout ſi elle eſt en vers, & tournée en épigramme !

« C'eſt joli, c'eſt charmant !" dit-elle, après avoir lu bas.

Monſeigneur dit à l'auteur de lire haut. Heureuſement il lit bien ; & la pointe eſt ſentie ! Il eſt invité à dîner. Le livre eſt poſé ſur la cheminée ; & il aura les honneurs du jour. Tous n'ont pas ce bonheur.

Le jeune auteur eſt depuis devenu célèbre. Il fut encouragé par la protection de Monſeigneur ? Non ; par celle de la Dame. Il faut donc la faire connoître.

La Marquise de M**** eſt une de ces femmes charmantes, deſtinées à embellir la ſociété ; chéries parce qu'elles ſont aimables & belles ; conſtamment recherchées parce qu'elles ſont ſages & gaies, & que jamais elles ne forment, ni ne font former de ces liaiſons qui, tôt ou tard, exigent une rupture : on les rencontre toujours dans les mêmes maiſons ; on leur voit toujours les mêmes amis des deux ſexes.

La Marquiſe avoit pourtant tout ce qu'il falloit pour faire naître une paſſion violente. Charmes provoquans de la tête aux pieds, doux ſourire, bouche mignonne, belles dents, gorge admirable, la main parfaite, & le bras arrondi, taille ſvelte, marche voluptueuſe, jambe fine ſans être sèche, pied ſouple & mignon. Joignez à cet extérieur une ame bonne & compatiſſante, qui lui faiſoit encourager la timidité ; mais elle ſavoit oppoſer de la fierté à l'audace.

La Marquiſe n'étoit pas riche ; elle étoit même ſéparée d'un mari mauſſade ; & elle n'avoit qu'une penſion : mais, ſans caprices, ſans fantaiſies ruineuſes, n'ayant pas de goût pour le jeu, elle vivoit contente, heureuſe, ſans beſoins.

Le jeune auteur lui plut, comme on lui plaisoit ; c'est-à-dire qu'elle prit de l'amitié pour lui ; elle la lui montra, soit à table, soit après le dîner. Elle voulut causer avec lui, pour le connoître mieux. Elle lui trouva un fond estimable, & d'heureuses dispositions. Il étoit enchanté ! . . .

Dans un moment où la Marquise lui parloit avec affection, il hasarda la demande de lui rendre son hommage chez elle. On l'accorda.

Dès le lendemain le jeune auteur accourut ; il n'étoit que midi quand il arriva. Il fut bien reçu : on causa : la Marquise le retint à un dîner simple, mais bon ; ce qui le fit rester jusqu'au soir.

Il ne parut pas le lendemain, parce qu'il n'osa. Mais le troisième jour, il arriva timidement.

« Je ſuis charmée de vous voir," lui dit la Marquiſe ; " votre connoiſſance ſera un de mes plaiſirs. Mais, je ne veux pas vous prendre trop de tems : réglez-vous là-deſſus : venez tous les jours, ſi vous voulez, mais après avoir donné au travail les heures que vous avez coutume de lui donner. Quand je devrai ſortir, je vous avertirai la veille."

Tant de bonté combla un jeune homme ardent. Ce jour-là il reſta peu.

Ses viſites furent les mêmes preſque tous les jours pendant trois mois. Souvent il alloit dans les maiſons où dînoit la Marquiſe lorſqu'elle ne reſtoit pas chez elle, parce qu'elle l'y avoit fait connoître. Il étoit le plus heureux des hommes ! . . . . Mais peut-on voir toujours une femme charmante, auſſi bonne qu'elle eſt belle, ſans en devenir éperdument amoureux ?... Ce fut ce qui arriva.

Un jour que la Marquiſe & le jeune auteur avoient dîné tête-à-tête (ce qui n'arrivoit pas ſouvent), Madame de M**** lui témoigna plus d'amitié qu'à l'ordinaire. Le jeune homme crut entrevoir l'occaſion d'exécuter un projet, conçu dès le premier inſtant qu'il avoit vu la Marquiſe ; c'étoit de lui faire une déclaration vive & touchante de ſon amour. Il commença en balbutiant : — « Madame ! vous ne me ferez pas un crime... d'avoir un cœur, une ame ſenſible, un eſprit juſte, & capable d'apprécier... Non ; ah ! qui peut vous voir un ſeul inſtant ſans vous adorer ? » ... & il étoit à ſes genoux.

« Vous ! » lui dit-elle en ſouriant... « écoutez-moi : ſi j'étois une femme comme tant d'autres, avec mes principes, vous auriez trouvé le moyen de nous ſéparer à jamais. Mes principes ſont de ne point manquer au devoir que je me ſuis impoſé, en me mariant. Vous voyez bien qu'après cela, ſi je me ſentois ſuſceptible de la moindre foibleſſe, je ne vous recevrois plus ; mais je ſuis ſure de moi-même. J'ai beaucoup d'amitié pour vous, & point d'amour : je ſuis bien aiſe cependant que vous ayiez pour moi de l'amour & de l'amitié ; parce que cela ſert infiniment à vous faire trouver du plaiſir dans nos entretiens, & ſur-tout parce que je me flatte que cette paſſion vous excite au travail .... Oui, mon ami, j'agréerai les preuves de votre attachement. N'eſpérez pas de coupables faveurs. Je verrai avec un inexprimable plaiſir les bons ouvrages qu'il vous aura inſpirés. Vous m'avez flatté que je vous encourageois au travail. Heureuſement que ma foibleſſe ne feroit pas néceſſaire à cet encouragement : au contraire ! ... Continuez donc à m'aimer ; je le ſaurai ; c'eſt avec plaiſir que j'en ſerai perſuadée. Soyez ſûr d'avoir une amie ſincère,

ſincère, ardente, que vous pourrez louer quelquefois ſans vous mentir à vous-même ; car de tous les hommes, vous êtes celui que j'aime le mieux, & que j'eſtime le plus. Enfin, ſachez que nous n'avons pas eu un ſeul entretien qui n'ait été entendu, de là, par la mère de M. le Marquis de M****, dont l'appartement dans cette maiſon eſt voiſin du mien."

Le jeune homme fut très-étonné : il en aima davantage la Marquiſe : il ne fut plus ſurpris que Monſeigneur l'eſtimât comme il faiſoit, quand il apprit que la vieille Comteſſe de M**** ſa parente, lui rendoit compte de tout ce qui ſe paſſoit chez ſa bru. Il ſuivit le chemin de la gloire : ſa belle muſe lui en donna le courage.

# TABLEAU XVI.

## LE MATIN.

SOLEIL levant ! aſtre de vie & de lumière, qui ranime toute la nature ! Ah ! tu es ſans pouvoir dans les villes ! On n'y connoît pas le charme tout-puiſſant de ton orient doré ! L'on n'y ſent que tes feux dévorans ; & jamais l'on n'y jouit de cette douce chaleur, que commence à lancer ton demi-globe, luttant contre la fraîcheur du matin. L'on n'y vit jamais ces *nappes* de lumière que réflètent tes rayons horiſontaux mariés avec la roſée !... Hélas ! moi-même, j'ignorerois ces effets enchanteurs, ſi dans les années de ma jeuneſſe, à l'époque de mes premières amours, je n'avois dès l'aurore gravi les collines de

*Courgis*, de *Saint Cyr*, & de *Chablis*. Depuis cet heureux tems, je n'ai plus vu la nature à ſa toilette.

Le BARON DE HOLMER avoit épouſé la plus belle des femmes. La nobleſſe & la régularité étoient en tiers avec les graces ſur ſon charmant viſage. Il en étoit idolâtre. Ses attentions, ſa tendreſſe, avoient gagné le cœur de la céleſte ULRIQUE. Ils étoient époux depuis ſix ans ; & la Baronne en avoit vingt-deux ; ſon époux, dix de plus : & cependant il n'avoit jamais partagé ſa couche : jamais il n'avoit ravi ſur ſes lèvres un amoureux baiſer ! .... Le matin, ſeulement, avant de monter à cheval, ſoit pour la promenade ou pour la chaſſe, le Baron entroit dans l'appartement de ſon épouſe, dont rien n'avoit troublé le ſommeil, & qui ſe levoit de bonne heure ; il interrompoit ſa toilette, pour la prendre ſur ſes genoux, & lui dire tout ce que lui dictoit ſon cœur.

La belle ULRIQUE répondoit un peu gravement à ſes douceurs. Pour qu'une épouſe ait l'ame tendre & dévouée, il faut qu'elle ait été bleſſée par le trait le plus aigu de l'Amour ; & la belle ULRIQUE ne l'avoit pas encore été. On tient que tous les matins le fils de Vénus venoit pleurer ſur un eſcalier de gazon qui ſe trouvoit à l'entrée du parterre ...

Mais quelle étoit la raiſon de la conduite de cet époux amant ? Il ne l'a dite à perſonne : mais on pourroit en juger par comparaiſon, non pas que l'hiſtoire qu'on va lire ſoit celle du Baron : nous devons lui ſuppoſer des motifs & plus nobles & plus délicats ; mais il ſe trouve quelque reſſemblance entre les deux traits.

Naguère à Paris, au bas du Pont-au-Change, près l'entrée du Quai de Gêvres, étoit un marchand bijoutier qui avoit une très-belle femme. Il l'avoit épousée par inclination. Lorsqu'elle étoit sa maîtresse, il l'admiroit à l'excès. Quand il en eut fait sa femme, & dès le premier jour des noces, il savouroit plus qu'elle-même les complimens qu'on lui prodiguoit.

Le soir, à l'heure où le lit nuptial découvert invite les deux époux aux plaisirs de l'hymen, ORMANCE vint se mettre aux genoux de sa femme :—" Mon amie," lui dit-il, " quelle conduite voulez-vous que je tienne avec vous ? Désirez-vous que je vous laisse jouir quelque tems encore de votre fraîcheur, de votre ravissante beauté, que je vais orner de tout ce que peut fournir l'art de la parure ? en un mot, voulez-vous jouir de l'admiration publique, pendant quelques années ? ou voulez-vous que, cette nuit même, je moissonne tout cela, & que je vous expose à voir détruire cette taille *nymphée ?*"

Il attendoit la réponſe de la belle.

“ Mon ami,” lui répondoit-elle en rougiſſant, “ vous devez m’être bien cher, par une délicateſſe qui prévient mes déſirs : oui, je déſire vivement tout ce que vous me propoſez là.”

“ J’en ſuis comblé,” reprit le mari, “ ma belle ! je vous adorerai avec reſpect. Jamais je ne collerai mes lèvres brûlantes ſur ces belles lèvres ; jamais ma main avidement amoureuſe ne s’égarera ſur ce beau ſein ; j’interdirois même le regard à mes yeux, ſi le regard pouvoit le preſſer.... Mais oui, le regard le profaneroit : que tous ces charmes divins ſoient reſpectés ; qu’ils ſoient comme un ſanctuaire où je ne pénétrerai par aucun de mes ſens !”

Il dit, ſe baiſſa, baiſa le pied chauſſé de ſa nouvelle mariée, la laiſſa mettre au lit, & ſe retira dans la chambre voiſine.

Ormance' jusqu'à ce moment ne paroît pas fort condamnable : il n'est que singulier.

On croit communément à Paris que la coquetterie des femmes ruine les maisons ; & l'on n'a pas tort : on croit que toutes les femmes veulent être bien mises, au-delà de leurs moyens ; & l'on se trompe de moitié. Ce sont les maris qui se ruinent aujourd'hui en parant leurs femmes. Un simple marchand, un artiste, un artisan aisé, ne sortira pas avec sa femme, si elle n'est mise avec élégance. Le mari se met quelquefois à l'unisson ; quelquefois aussi sous un habit d'un drap simple, il a la vanité rafinée de jouer encore mieux le *Grand Seigneur*. C'est la femme qui est le thermomètre de la considération qu'il veut qu'on ait tacitement pour lui. J'ai vu un parcheminier qui avoit une très-jolie femme, la mener aux *Champs Elisées* en remiſe, & l'appeler *Madame la Marquiſe!*... Ils ſe pavanèrent pendant pluſieurs heures, revinrent par les Tuileries, montèrent dans leur remiſe à la porte du Pont-royal, & dirent, *A l'hôtel!* Un colporteur de livres s'écria :—*Oui, rue de la Parcheminerie, à la boutique!* Heureuſement les deux époux ne l'entendirent pas ... Cette vanité des maris dans leurs femmes eſt aujourd'hui la plus commune à Paris, depuis les nouvelles modes : ils ſe ruinent ; & j'en ai vu un maltraiter ſa femme pour la faire s'*enharnacher* en femme de qualité.

Ormance le bijoutier, fidèle à ſa parole, tint ſa femme comme dans une chaſſe : il n'y touchoit non plus qu'à un objet ſacré. Il la paroit comme une idole, & la mettoit en montre dans ſa boutique. Elle ne ſe levoit qu'à onze heures : elle avoit les plus belles gazes, la plus belle mouſſeline, le linon le plus fin : les jours de fête, la belle étoit parée, fervie ; fon mari lui donnoit le bras ; & un garçon de village, apprenti, d'une famille honnête, étoit métamorphofé en laquais, dès qu'on étoit hors du quartier. Il arriva même un jour que dans le fauxbourg St. Honoré, ORMANCE en chenille ayant rencontré un de fes amis, tout galonné, il lui donna le bras de fa femme, & fe métamorphofa auffi en laquais, en difant au jeune garçon :—" Vois-tu que je ne te fais rien faire que je ne le faffe moi-même !"

A quoi tout cela devoit-il aboutir ? A gonfler le cœur de la belle, à la rendre vaine, impertinente, égoïfte. Quand fon mari eut bien fatisfait fa vanité, certain jour qu'il étoit abfent, un richard qui l'obfervoit depuis quelques mois fe préfenta, s'informa, offrit une maifon, un carroffe, une rente viagère avant tout. La belle favoit que fon mari étoit gêné par les dépenſes qu'il faiſoit pour la mettre en Ducheſſe : elle accepta, & ſortit de chez elle dans la voiture promiſe, pour aller chez un notaire. De là on ſe rendit à la *petite maiſon.* ORMANCE', à ſon retour, ne trouva pas ſa femme. Son garçon lui dit qu'elle étoit ſortie dans un beau carroſſe, qu'on lui avoit donné deux autres laquais que lui & ſon mari, & qu'elle n'avoit pas dit où elle alloit.

Le richard ne reſpecta pas les attraits de Madame ORMANCE' : mais il fut enchanté de ce qu'il apprit. Il augmenta la rente viagère le lendemain : mais il étoit ſi blaſé qu'il ne garda la belle que trois mois. Pendant deux ans, elle paſſa dans huit mains différentes ! Il y avoit foule ! On attendoit qu'elle fût libre ; mais le dernier ... ce fut un terrible échec ... Madame ORMANCE' revint malade à ſon mari : on la traita. Et depuis ce moment elle

elle vit avec lui. Mais il n'eſt plus ſon laquais : c'eſt un maître fort dédaigneux & fort dur.

L'hiſtoire du Baron eſt bien différente par les détails ; mais il a réellement la manie de conſerver à Madame la Baronne ſa fraîcheur de fille, & de s'en tenir aux plaiſirs d'un amour platonique. Heureuſement ſon épouſe n'eſt pas Italienne.... Mais qu'il prenne garde à nos voluptueux Sybarites.

*P. S.*—On apprend en ce moment qu'un plus grand Seigneur que le Baron, ayant jetté les yeux ſur Madame la Baronne, l'époux en a été ſi effrayé, qu'il a changé abſolument de manière d'agir, & qu'elle eſt enceinte aujourd'hui !...

## TABLEAU XVII.

### LA COURSE DE CHEVAUX.

—“ Quoi ! vous vous éloignez ! vous ne venez pas aux courſes ? les voir ? y parier ?”

“ Non,” répondit le jeune Duc D*** ... “ je ne me ſens pas de goût pour cet amuſement imité des Anglois, que certaines gens veulent nous faire croire utile ; comme ſi les jambes de leurs coureurs exerçoient les jambes des chevaux de nos poſtes, de nos dragons, & de nos huſſards. Il faudroit dire toute autre choſe que des paris & des courſes, ou du moins les établir aux caſernes.”

“ Vous êtes bien philoſophe aujourd'hui,” reprit le COMTE DE M*** : “ il en exiſte quelque raiſon ſecrette ?”

Le jeune Duc ſourit.

“ Peut-être m'éloigné-je par un motif ; mais peut-être auſſi n'en ai-je pas.”

“ Mademoiſelle . . . ſeroit-elle là ?”

“ Je l'ai entrevue ſous ce pavillon.”

“ Et vous la fuyez ?”

“ A regret.”

“ Cette paſſion eſt bien vive !”

“ Tu es mon ſeul confident ; parce qu'abſolument il m'en falloit un . . . Notre amitié ne m'auroit pas engagé ſeule à t'ouvrir mon cœur ! . . . La voilà . . . Elle brille au milieu de cette aſſemblée choiſie de jeunes beautés. C'eſt la roſe des jardins de Flore... Le Comte de *** eſt à côté d'elle : il ne cache plus ſon goût, & ſemble, en s'affichant, vouloir écarter ſes rivaux.... Il étoit convenu que le verd entreroit toujours dans ſa parure ! Elle n'en a rien, rien du tout aujourd'hui ; elle veut m'ôter l'aſſurance : le Comte de *** eſt jeune, il eſt aimable, il eſt grand... Le cœur de Mademoiſelle... ſera flatté... Et la vanité, peut-être, chaſſera l'amour."

Il ſoupira.

Le Comte voulut le conſoler.

" Non, non ! je ſaurois me ſuffire à moi-même... Mais tu peux me rendre un important ſervice ! Entre dans le pavillon ; tâche de l'approcher ; montre-toi ; & dis un mot qui ne ſoit compris que d'elle.

S'il eſt poſſible, fais-lui connoître que tu m'as vu, & que je la fuis."

Le Comte promit tout : il reprit ſon cheval, qu'on tenoit à quelque diſtance, paſſa devant le pavillon, & ſe fit voir. Mademoiſelle...l'appela. Il accourut.

"Vous n'êtes pas des paris ?" lui dit-elle.

"Mon partenaire s'en va."

"Seroit-ce ?"

"Oui, oui, c'eſt lui, lui-même, Madame."

"Je l'ai entrevu : dites-lui, de ma part, qu'il auroit gagné le pari."

En achevant ces mots, elle lui montra ſa ceinture, qui étoit un beau ruban verd que le jeune Duc n'avoit pu voir. Le

Comte,

Comte, sûr de porter une bonne nouvelle, se hâta de quitter le pavillon, & fit galoper son cheval sur les traces du jeune Duc.

Il ne put le rejoindre. Au lieu de retourner à Paris, cet amant, comme tous ses pareils, n'avoit fait que circuler. Tandis que le Comte le cherchoit, il étoit au bas du pavillon ; mais du côté opposé à la vue, il monta ; & tandis que le coursier célèbre du Duc DE ***, qui devoit gagner le prix de la course, fixoit tous les regards, il s'approcha suffisamment de Mademoiselle . . . pour voir sa ceinture verte . . . . L'effet en fut aussi prompt qu'agréable ! Cet amant, quelques minutes auparavant le plus malheureux des hommes, se retira tout transporté. Il se montra ensuite ; un regard tendre & dérobé lui confirma la durée de son bonheur ; & il fut au comble de la joie. Il revint au pavillon. Il s'approcha de Mademoiselle . . .

" *Ce ſoir,*" lui dit-on.

" Je pars."

" Oui," fut la réponſe, en regardant ailleurs.

Il partit donc.

A la barrière du trône (car la courſe étoit établie ſur le chemin de Vincennes) il rencontra le Comte, qui revenoit de Paris, où il l'avoit cherché.

" Je vous apporte de bonnes nouvelles !" lui cria-t-il.

" Et je les ai," répondit l'amant.

Le Comte lui fit part de ce qu'il ſavoit ; le Duc, de ce que Mademoiſelle venoit de lui dire : ces ouvertures produiſirent une confiance ſans bornes.

Les deux amis s'en retournèrent enſemble à Paris.

" Il faut que je te découvre abſolument tout, & que je te donne ma confiance ſans réſerve," dit le jeune Duc, dont le cœur étoit épanoui par le bonheur. " J'aime Mademoiſelle . . . depuis la première vue. J'ai tout employé pour lui plaire ; & je crois y avoir réuſſi. Dans tous nos entretiens, après ma déclaration, nous ne parlions que du bonheur d'être l'un à l'autre par les liens du mariage ; nous nous plaiſions à nous dire les careſſes que nous nous ferions, comme nous ſerions conſtans, inſéparables, le modèle des époux ! . . . Hélas ! nous reconnûmes bientôt que ce mariage étoit impoſſible ! . . . Nous en fûmes au déſeſpoir . . . Mais nous nous voyions. Aucun parti ne ſe préſentoit pour Mademoiſelle . . . Ma famille me laiſſoit tranquille ; & nous étions du moins préſervés de l'horrible malheur d'être liés l'un & l'autre à un objet odieux. Dans ce tems même, par l'effet d'un hasard heureux, je me trouvai seul un jour à la messe auprès de Mademoiselle... Nous nous regardâmes plusieurs fois... Les yeux de Mademoiselle... étoient brillans & pleins d'amour. Les miens leur répondoient. Je pus toucher sa belle main. Elle pressa la mienne contre son cœur. Enhardi par cette précieuse faveur, au moment de la bénédiction, je saisis de nouveau cette belle main, & je dis assez haut : "*Grand Dieu ! c'est devant toi que je me donne à elle pour époux !*"—"*Et moi pour épouse,*" répondit-elle. Cette adorable réponse justifioit ma témérité. Elle s'appuya sur moi en quittant la chapelle ; & dans le petit détour j'osai prendre sur ses lèvres un baiser de mari... Que te dirai-je de plus ?

"Il faut tout dire, mon cher Duc, afin que je puisse vous servir."

“ Non, je n’ai pas befoin de toi . . . Tout eft fait.”

“ Comment cela ?”

“ L’amitié feule te va tout confier . . . J’adorai Mademoifelle...qui m’aimoit tendrement. — “ Nous fommes époux,” lui difois-je quelquefois. — “ Hélas ! oui,” me répondoit-elle. — “ Un époux a des droits.” — “ Oui ; mais ils font dangereux à remplir, pour des époux comme nous !” — “ Il le faut cependant ; fans quoi vous ferez coupable envers l’Amour & l’Hymen.” — “ Je ferai tout ce que je pourrai.” . . . Elle me tint parole. Un foir je fus introduit . . . par elle-même . . . car elle n’avoit pas encore de confidente . . . Quelle nuit délicieufe ! elle me mit au rang des Dieux . . . Mais elle fut fuivie de mortelles inquiétudes . . . La riche & belle Douairière DE CH** étoit alors attachée à Mademoifelle . . . Il fallut s'ouvrir à elle, dès les commencemens. Elle fut très-embarraffée ! Quoiqu'elle eût trente-deux ans, & qu'elle eût vu le monde, fon efprit & fon expérience ne lui fourniffoient rien. Ce fut Mademoifelle... qui trouva tout. Un matin que j'avois été le plus heureux des hommes, elle me dit : —" Mon cher Duc, il faut prendre un parti enfin ! ... Je n'en vois qu'un feul ; c'eft que vous époufiez mon amie, quoique plus âgée que vous de douze ans, & qu'elle feigne une groffeffe : il en réfultera un cher & précieux avantage ; c'eft que l'enfant que je vous donnerai, fera votre héritier légitime ; & que nous faurons feuls, vous, votre femme, & moi, que l'enfant eft à nous deux. Jugez comme je l'aimerai, comme je ferai heureufe d'être fa mère !" ... Je fis quelques obfervations fur le fecret à garder : mais un mot les anéantit. Tout étoit confié à la Marquife Douairière ; elle confentoit à tout ; je n'eus plus rien à dire. Tu ſais, mon ami, comme mon mariage étonna ! On tourne encore en ridicule mon attachement pour ma femme extérieure : mais c'eſt qu'elle n'eſt pas ma femme : nous proteſtâmes le même jour devant Dieu, Mademoiſelle... & moi, contre ce mariage. La Ducheſſe n'eſt que mon amie ; & voilà pourquoi mon attachement pour elle ne s'affoiblira jamais. Eh ! quelle amie ! Il n'en eſt pas de plus tendre, de plus généreuſe. C'eſt la vertu même ! Cette femme, mon ami, n'a pas de foibleſſe . . . J'ai deux enfans de Mademoiſelle...garçon & fille : je vois ſon bonheur . . . Je le fais . . . & ſes enfans peut-être encore plus que moi . . . Je mourrois de douleur, ſi une autre inclination..."

" Eh ! pouvez-vous le craindre, après ce que vous me dites ?" s'écria le Comte en larmes,

“ D'où vient cet attendriſſement, mon ami ?”

“ De ce que je ſuis dans le même cas où vous êtes.”

“ Toi, mon ami !”

“ Oui, moi ; & c'eſt vous qui venez de me l'apprendre. Je n'ai pas deux ans plus que vous ; & j'adorois la Marquiſe que vous avez pour épouſe en vain ! jugez ce que doit me faire éprouver votre ſingulière confidence !”

“ Eſt-il poſſible, & le ſauroit-elle ?”

“ Non, elle l'ignore même à préſent, & ne le ſaura jamais.”

Telle fut la confidence mutuelle des deux amis.

Le ſoir, le jeune Duc fut admis chez Mademoiſelle ... Le Comte ſuccomba, dit-on, à la tentation d'aller chez la Ducheſſe; & le charme de l'objet aimé le rendit cauſeur. Il ſe montra inſtruit : on parla beaucoup : mais la Ducheſſe lui dit qu'elle aimoit le jeune Duc en mère, & qu'elle trouvoit ſon rôle trop beau pour le gâter...

Elle ne s'eſt pas démentie, ni Mademoiſelle non plus ...

# TABLEAU XVIII.

## LE PARI GAGNÉ.

ON étoit dans un ſuperbe château... mais pourquoi donc les plaiſirs ne ſont-ils pas plus innocens à la campagne qu'à la ville ?

Je n'ai jamais pu ſupporter que dans les tems de Chevalerie les belles excitaſſent aux combats ſanglans, ni que du nôtre elles encouragent les guerriers & les chaſſeurs : la bonté, la douceur, ont leur dernier aſile dans le cœur des belles ; & c'eſt là qu'on doit toujours les trouver. Maudites ſoient les beautés méchantes, les *C—tes*, les *R—rs*, les *Des—les*, & ces intrigantes cruelles de Cour, qui font, par un caprice, périr des millions d'hommes !

Elles ne ſont pas de leur ſexe : ce ſont des monſtres qu'il faut étouffer !

Deux femmes, à un balcon donnant ſur la campagne, voyoient errer dans la plaine qui touchoit au Parc, d'innocentes perdrix, aux pieds rouges & *célères*. Un coq infidèle parut en careſſer deux. Les Dames indignées le déſignent à un chaſſeur armé d'un arc & de flèches, jeune, beau comme l'amour, & demandent la mort du coq volage !

" C'eſt au cœur que je gage de l'atteindre," répondit le chaſſeur ; " mais je veux une récompenſe de mon adreſſe, & gagner un pari !"

" Quel pari propoſerez-vous ?"

" Je n'aime ni les richeſſes, ni les honneurs ; je ne ſuis ſenſible qu'aux faveurs des belles : ſi je venge votre ſexe outragé par ce coq infidèle, que me donnerez-vous ?"

Les deux Dames furent embarraſſées ; elles ſe conſultèrent ; mais elles ne réſolvoient rien.

" Je parie," reprit le chaſſeur laſſé d'attendre, " le cœur de la plus tendre, pour prix de celui que j'aurai percé de cette flèche ; & je veux que l'autre ſoit notre confidente."

" C'eſt mon amie," répondit la plus grande des deux ; " dites, va !"

" Va !" dit la même.

A ce mot, ſans plus attendre, l'arc eſt tendu, la flèche vole, & parvient au cœur du coq, au moment où il devenoit encore infidèle ; il mourut dans le plaifir ! . . . Le chaffeur le ramaffe, & le montre aux deux belles, avec la flèche au cœur.

" Approchez," dit la plus grande, " que je voie mieux !"

Elle avança la main, & reçut le volatile expirant.

" C'eft dommage ; il étoit fi beau !" dit fon amie.

" Point de pitié des infidèles !"

" Monfieur," ajouta la première, " vous êtes fans doute un gentilhomme du voifinage ? Venez vous repofer."

Le chaffeur ne fe le fit pas dire deux fois ; il s'élance vers une grille ouverte, & en quatre pas il eft auprès des Dames.

La plus tendre étoit la plus belle. Quelle taille divine ! quelle jambe voluptueuſe ! car il étoit arrivé ſi vîte, qu'elles n'avoient pas encore quitté le balcon ſur lequel une large baluſtrade les obligeoit à s'étendre. Elles ſe retournèrent enfin, & rougirent en le voyant en contemplation.

" J'ai gagné le pari," leur dit-il ; " mais je ne veux rien devoir qu'à mon reſpect & à mes ſoins."

" Pourquoi nous faire grace, Monſieur ?" dit la plus grande ; " nous n'en voulons aucune !"

En parlant ainſi, elle tira de ſon écrin un cœur de brillans, que ſon amie avoit coutume de porter, & elle le préſenta au chaſſeur.

" Vous me trompez," lui dit-il, " ce n'eſt pas de ce cœur-là, que je ne ſavois pas à Madame, & qui peut-être eſt à vous, que j'ai parlé."

" Non, il eſt à M^lle DE VIENNE ; & voici le mien. Tous deux ſont en chiffre ; & vous pouvez en diſtinguer les lettres. Je ſuis la MARQUISE DE GRANDPRE'.

Le chaſſeur demeuroit interdit. Le nom de la belle DE VIENNE, qui frappe ſon oreille, doit l'intéreſſer vivement ! . . . Il venoit d'être épris de ſes charmes ; il venoit de la préférer ; & . . . mais il faut dire un mot qui faſſe connoître ce chaſſeur . . .

Il étoit fils unique du DUC DE F***, & ſe nommoit le COMTE DE CH*. Son père, qui le chériſſoit également comme ſon fils, & comme ayant le plus grand mérite, avoit tout employé pour lui faire un ſort brillant. Il y étoit parvenu. Il ne s'agiſſoit plus

plus que de le marier. Il lui avoit proposé un riche parti ; mais le jeune Comte avoit de l'éloignement pour le mariage ; & le Duc son père ne vouloit pas exposer celle qu'il lui destinoit, à être vue par un cœur insensible. Il avoit fait différentes épreuves, en faisant habiller en Dames de jolies grisettes, que le Comte ne devoit jamais revoir ; il ne devoit pas même leur parler : on ne faisoit que les lui montrer pour attirer ses regards ; mais le Comte ne les arrêta sur aucune. On différoit donc toujours. Cependant tous les arrangemens étoient pris ; & un jour le Comte entendit prononcer le nom de Mademoiselle DE VIENNE. Il entendit que le Duc son père & la Duchesse sa mère étoient d'un avis différent. Le Duc nomma une autre jeune Demoiselle, & la Duchesse faisoit l'éloge de la première. Cette discussion ne frappa l'attention du Comte que fort légèrement :

on n'étoit pas d'accord : il n'avoit rien à craindre.

On voulut alors faire un essai. On lui proposa directement une personne peu agréable : on étoit sûr qu'il refuseroit. On se proposoit ensuite de lui nommer Mademoiselle DE VIENNE. En effet, on le mena dans une maison où elle étoit : le Comte la vit ; il la trouva charmante : mais ne sachant pas qu'elle lui fût destinée, il renferma ses sentimens au fond de son cœur, & n'en témoigna rien.

Deux années s'écoulèrent : le Duc DE F** étoit exprès venu dans une terre voisine de celle où étoit Mademoiselle DE VIENNE, avec la MARQUISE DE GRAND-PRE' sa parente. Il étoit convenu qu'on chasseroit sur les deux terres ; & les Dames attendoient le Comte. On ne le reconnut que par conjecture ; & il ne remit pas les deux Dames qu'il n'avoit qu'entrevues.... Voila ce qu'il falloit dire.

Revenons à l'entrée du chaſſeur chez les Dames. Nous nous ſommes interrompus près de dire que ſa mère avoit propoſé Mademoiſelle DE VIENNE pour ſon fils. Cette idée lui revint, & l'enchanta.

« Je ſuis le COMTE DE CH**," dit-il; « & je reçois .... ce cœur comme un gage en attendant celui que j'ai ſeul parié."

En achevant ces mots, il prit le cœur de brillans avec lequel Mademoiſelle DE VIENNE attachoit ſon mouchoir; & il ſe retiroit.

« Vous reſterez à dîner, Monſieur le Comte?" dit la Marquiſe: « un chaſſeur doit avoir bon appétit; & vous auriez près d'une lieue à faire."

Mais le Comte étoit trop pressé de retourner auprès de la Duchesse sa mère, pour lui parler de Mademoiselle DE VIENNE : il remercia, ce qui dut fort surprendre les Dames.

En arrivant auprès de la Duchesse, le Comte lui dit : — " Madame, vous connoissez Mademoiselle DE VIENNE ; je crois même que vous l'estimez ? Je viens de la voir, à Grand-Pré : elle est charmante ; & je suis prêt à suivre vos ordres à son égard."

" Mon ami," répondit la Duchesse, " j'y avois pensé ; mais Monsieur le Duc ... Je verrai... Je tâcherai... Ne comptez sur rien encore."

" Ah ! je serois malheureux sans elle !"

La Duchesse employoit exprès cette réserve. Elle voulut, ainsi que le Duc, paroître ne céder qu'aux prières de leur fils, afin de donner plus de reſſort à ſon penchant. Ils réuſſirent. Le jeune Comte revit Mademoiſelle DE VIENNE, & en devint éperdument amoureux. Les obſtacles factices continuèrent quelque tems, après quoi l'on conſentit enfin : le mariage ſe fit.

Le ſoir des noces, en reconduiſant les époux dans le temple de l'hymen, la Ducheſſe lui dit :—" Vous avez toujours été deſtinés l'un pour l'autre. Dès le berceau le père de ma chère bru nous la promit ; & nous lui donnâmes notre parole pour vous, mon fils. C'étoit notre meilleur ami. Sa fille eſt celle de mon cœur.... Rends-la heureuſe, mon cher fils ... Rendez-le heureux, ma chère fille ; & ſoyez bons époux comme vos pères furent bons amis."

Les enfans s'embraſsèrent.

# TABLEAU XIX.

## LA PARTIE DE WISCH.

UN chapeau de fleurs couvre l'œil rusé d'une jolie tricheuse : à côté d'elle est une Baronne qui répond à un Marquis très-occupé à lorgner les yeux, tandis qu'une belle Marquise regarde avec complaisance debout auprès du Comte : le Président, tenant ses cartes aussi gravement que les pièces d'un procès, tâche de lire dans les yeux des joueurs. Pour le Comte, distrait par la jeune Marquise, il va sans doute faire une faute.

C'étoit ainsi que s'amusoient six amans de la fin du dix-huitième siècle ! Faute d'avoir rien à se dire, ils jouoient : le jeu difpenfe de tout, d'efprit, de raifonnement, de lumières, & d'amour. Vive le jeu !

" Qu'en penfez-vous ?" difoit la Comteffe au Marquis. " Je ferai de moitié, fi vous voulez ; votre jeu eft sûr."

" Pourquoi ne jouez-vous pas, belle Dame ?"

" Vous favez comme eft mon mari ?"

" Je fais qu'il eft intéreffé ; mais on peut s'arranger."

" Je fuis avec le Préfident."

" Mais il perd toujours. Voyez comme la Comteffe le regarde ; elle va le tricher, ou lui faire un coup inattendu. Il faut mettre le Préfident avec la Baronne, que le Marquis prenne la Comteffe, & je vous aurai. Faute de nous connoître, nous nous étions arrangés en dépit du ſens commun. Par-tout où nous jouerons, nous ſerons de moitié. Je vais le propoſer : les différens mérites ſeront mieux appariés ; & notre petite ſociété pourra proſpérer."

La Marquiſe ſourit.

Lorſque la partie fut achevée, le Comte propoſa tout haut le nouvel arrangement : il expoſa ſes motifs ; on débattit les raiſons : puis on ſe regarda. Madame la Baronne étoit jolie : elle fit au Préſident une minauderie ſi gracieuſe ! . . . La Comteſſe avoit un air de fineſſe charmant, qui la rendoit ſi piquante ! & le Marquis la voyoit de ſi près ! . . . Pour la belle Marquiſe, tout étoit arrangé entre elle & le Comte . . . On ſe leva comme de concert ; & l'on ſe préſenta la main, que les hommes baisèrent. La phalange ainſi compoſée, on alla ſe répandre dans la ſociété.

L'association ne fut pas heureuse. La Comtesse gagna toujours : la Baronne perdoit & gagnoit : mais la belle Marquise étoit constamment malheureuse. Elle avoit un grand fond de droiture, une ame sensible ; & il ne lui venoit jamais dans l'esprit de tricher. Cependant elle aimoit le jeu avec une sorte de fureur ; mais c'étoit une passion exotique, éphémère, qui n'avoit pour base qu'un égarement momentané : elle étoit environnée de gens sans délicatesse ; & ses principes s'étoient endormis. Il falloit un écart frappant pour les réveiller.

Elle alloit jouer souvent dans une maison de la Place des Victoires ; elle y perdoit *à faire pitié :* on se plaisoit même à la voir perdre, pour jouir ou tirer parti de son embarras. Le Comte, quoique riche, n'y pouvoit suffire ; il se lassa :—" Je ne jouerai plus," lui dit la Marquise ; & elle tint parole.

Un ſoir qu'elle étoit dans cette maiſon de la Place des Victoires, elle regardoit jouer, & dévoroit les cartes des yeux. Un homme vil, peu riche, mais ſachant borner ſa dépenſe, & quelquefois accroître ſon revenu, en vendant un certain crédit qu'il s'étoit procuré, l'examinoit depuis quelques inſtans.—“ Vous brûlez de jouer, belle Marquiſe ?” lui dit-il. “ J'ai un preſſentiment que vous gagnerez... Voilà” (il lui gliſſa très-adroitement vingt-cinq louis) “ de quoi faire votre partie : je ſuis de moitié, perte ou gain.” ... Sans attendre la réponſe, il lia une partie ſur les débris de deux autres, dont quelques membres ſe retiroient. La Marquiſe joua donc ; & ... prodige nouveau ! elle gagna le double de la ſomme prêtée, qu'elle rendit, & ſortit enchantée de ſon bonheur.

Le jour ſuivant elle ne manqua pas de revenir dans la même maiſon. Elle y trouva CHENEFORT, ſon prêteur de la veille. Elle en fut charmée. Cet homme néanmoins avoit la figure ſiniſtre & plate : elle ne le connoiſſoit pas ; mais tout lui diſoit que c'étoit un homme engraiſſé dans la baſſe finance ou de l'agiotage : cependant elle fut flattée ! . . . Ce que c'eſt que la paſſion du jeu !

La Marquiſe gagna peu à cette ſéance ; mais elle gagna : le ſort paroiſſoit ne plus la perſécuter. Elle prit confiance ; elle ſe flatta. Enfin, après huit jours d'une fortune ordinaire, elle éprouva le revers le plus cruel ! . . . Elle gagna en commençant, & perdit . . . cinq cents louis ! . . . C'étoit au-delà tout ce qu'elle avoit à ſa diſpoſition.

CHENEFORT étoit derrière elle, & fourniſſoit. — " Pour que je ne paroiſſe pas votre amant," lui dit-il tout bas, " feignez de me donner vos bijoux, vos diamans, de façon qu'on l'entrevoie... Il faut ménager votre honneur... Et ſur-tout ne vous découragez pas ! vous ne perdez rien !"

Ce perfide langage avoit un peu tranquilliſé la triſte Marquiſe.

A la fin de la ſéance, il lui préſenta la main ; & comme ſa maiſon étoit inconnue, il la mena chez lui. Le carroſſe de la Marquiſe reſta devant la porte de CHENEFORT.

" Belle Dame," lui dit-il, " toute la perte eſt pour moi : je vais vous remettre vos diamans & vos bijoux, mais à une condition ...." Il articula cette odieuſe propoſition.

La Marquiſe ouvrit enfin les yeux ! ſa ſituation lui fit horreur ! Elle employa tous les moyens pour toucher le tigre : mais il fut inflexible... A qui s'adresser ? Elle ne pouvoit se confier à personne qu'à ses anciens amis aussi embarrassés qu'elle. Jamais il ne fut de plus terrible situation. Enfin, après avoir combattu le reste de la nuit, elle voulut sortir, en laissant tout à CHENEFORT. Il lui signifia qu'elle n'en étoit pas la maîtresse. La Marquise, indignée, ouvrit vivement une fenêtre, & appela ses gens. Mais les deux laquais & le cocher dormoient dans la voiture. CHENEFORT parvint à la faire retirer de la fenêtre ; & lorsqu'elle fut dans un boudoir, où elle se laissa mener, comptant sortir, il lui déclara qu'il y alloit de ses diamans & de son honneur, bien déterminé à la retenir là jusqu'a ce que son mari vînt l'y chercher, & qu'alors, il dirait qu'elle vouloit le forcer à lui rendre ses diamans & ses bijoux sans assurance.

La Marquiſe fut au déſeſpoir ! . . . La tête lui tourna ſans doute. — " Eh bien ! monſtre," lui dit-elle, après beaucoup de combats, " ſatisfais-toi !" . . .

Il faut tirer le voile ſur le reſte de cette odieuſe ſcène . . .

La Marquiſe ne ſortit qu'à huit heures de chez CHENEFORT : il étoit grand jour : une femme de charge lui donna la main juſqu'à ſa voiture. Elle arriva chez elle déſeſpérée. Elle ne ſortit plus . . . On ne la vit plus nulle part . . .

Sa douleur, ſi vive d'abord qu'elle altéra ſa ſanté, commençoit à ſe calmer, lorſ-qu'il arriva une aventure déshonorante à CHENEFORT, dont on fit juſtice.

Quel comble de honte pour la triſte Marquiſe ! honte qui fut cruellement renouvelé par une lettre du miférable ! Il lui difoit que le fouvenir de la nuit paffée avec elle, le mettoit au-deffus de l'infamie ... Ce coup fut terrible ! La Marquife traîna long-tems une vie languiffante : fes beaux jours s'écoulèrent dans les larmes, dans une folitude abfolue, troublée feulement par un mari que quelques fourdes rumeurs rendoient impitoyable.

Tel eft encore fon état.

Quant à la Comteffe, elle a fini par ne plus trouver de maifons où jouer. La Baronne s'eft mariée avec le Préfident, qui la traite mal.

Concluons.—Des joueurs font bien méprifables : mais les joueufes font des monftres.

TABLEAU

# TABLEAU XX.

## OUI OU NON.

CHARME univerſel de la nature, Amour ! c'eſt par toi que l'homme s'élève à la félicité des Dieux ! ... Eh ! qui peut ſe plaindre de la vie, s'il a ſenti une fois ſeulement ſon cœur échauffé de ton feu vivifiant !

On dit qu'on n'eſt plus tendre, qu'il n'exiſte plus de véritable amour. Laiſſons tenir ce langage aux ames froides, à ces critiques de tout, qui ne voient jamais dans les choſes que le côté caché aux rayons du ſoleil : la belle couleur de la pêche ne les a jamais frappés, parce qu'ils n'ont jamais vu que ſon côté verd-d'herbe. Ah ! les cœurs tendres, ivres de plaiſirs, les démentent journellement ; & les amans malheureux, navrés de douleur, ont ſouvent maudit la ſécurité que ces raiſonneurs glacés leur avoient inſpirée !

Aux pieds d'une ſtatue de l'Amour, dont le doigt ſur la bouche recommandoit la diſcrétion, un tendre amant exprimoit ſa vive ardeur : " Arbitre charmant de mon ſort ! décidez de mon bonheur ! Dites... *Oui* ou *Non !*"

La Marquiſe le regarda tendrement ; & d'une bouche qui dément ſon regard, elle dit *Non !* ... Heureuſement ! car une violente jalouſie attachoit ſur leurs pas la COMTESSE DE FL** ; & le *Non* de la Marquiſe flatta ſon cœur ulcéré.

" *Non !*" ... répéta le jeune PRINCE DE N** : " mon ſort eſt donc décidé pour jamais !"

« Oui, » dit la Marquise, en dérobant une larme ; « mon devoir... »

« Je le respecte... je le respecterai... »

« Séparons-nous.... Ne nous voyons plus ! »

« Vous l'ordonnez ! »

« Oui... je... l'ordonne. »

Le jeune Prince se leva : il sortit du jardin, se retourna vingt fois ; & peut-être fût-il revenu... peut-être... mais il apperçut la Comtesse, & s'enfuit.

Le jeune Prince ne put supporter la privation cruelle qu'il s'étoit imposée : sa santé s'altéra : mais plus il souffroit, plus il sentoit le sacrifice qu'il faisoit à la Marquise ; & plus il s'en applaudissoit.

Ils étoient un peu parens : ils avoient été élevés ensemble, autant que peuvent l'être deux personnes d'un sexe différent. Ils s'aimoient innocemment : mais le Prince étoit alors cadet ; & le MARQUIS DE B**, fils du Duc, s'étant présenté, il obtint la main de Mademoiselle DE N**. Le Prince se trouvoit absent. Il devint l'aîné de sa maison, six mois après le mariage : on le fit revenir ; il courut chez sa cousine ; il espéroit la revoir avec ravissement ; & ce fut avec tristesse. Il le lui dit ; & il en chercha la raison, qu'il trouva trois jours après : c'est qu'elle étoit mariée, & qu'il l'adoroit... Il ne lui cacha rien de ce qui se passoit dans son cœur. La Marquise n'avoit pas encore sondé le sien. Elle fut effrayée de le trouver comme celui de son cousin. Elle prit la mère du PRINCE DE N** pour sa confidente, & la pria de la fortifier contre son penchant.

La Princeſſe Douairière ne dit qu'un mot à ſon fils :—" Monſieur, ſi Mademoiſelle DE N** étoit aimée d'un autre que vous, ſeriez-vous flatté qu'elle manquât à ſon honneur ?"

" Non, Madame !" répondit le jeune Princeſſe . . . Mais l'amour l'emporta.

Monſieur DE N** étoit aimé d'une jeune veuve, la COMTESSE DE S***. C'étoit un parti ſortable. On en avoit parlé à la Douairière, qui ne s'éloigna pas de cette alliance pour ſon fils. Elle accueillit la Comteſſe, le jour même que le Prince avoit eu la converſation laconique avec ſa mère. La Marquiſe & la Comteſſe dînèrent à l'hôtel ; & ce fut après le dîner qu'il la joignit dans le jardin. Il voulut voir s'il n'y auroit pas quelque arrangement à prendre qui accordât l'amour & l'eſtime . . . La réponſe de la Marquiſe lui ôta tout eſpoir.

Il lui devoit tant de refpect, il avoit pour elle une amitié fi vraie, qu'il réfolut de fe conformer à fes ordres : mais il lui en coûta cher !

La douleur fincère eft une maladie cruelle, qui corrompt tous les mouvemens de l'ame, & produit des fpafmes dans les vifcères : elle ralentit l'effort du cœur, qui lance le fang ; & fi elle dure trop, elle produit un engorgement des humeurs. Le Prince tomba dans une forte de confomption, caufée par cette idée qui fe préfentoit fans ceffe : *Elle eft à un autre !* Cette idée cruelle revenoit fur-tout dans la nuit, à fes fréquens réveils ; & c'eft alors qu'elle étoit plus déchirante. La nuit on eft dans une forte d'impuiffance corporelle qui rend les idées plus inftantes, les inquiétudes plus vives, précifément parce qu'on n'eft pas debout pour les prévenir. Mais le vertueux De N** cachoit fon état à fa mère. On le croyoit trifte, & non malade. Un mot de la Marquife l'auroit, dans les commencemens, rendu à la vie. Il ne la voyoit plus; il ne l'entendit pas!... Il defcendit aux portes du tombeau, fans que fa mère ni la Marquife s'en doutaffent.

C'eft à cette époque qu'arriva un événement imprévu. Le Marquis de B*** s'étoit fait réferver d'un ragoût qu'il aimoit paffionnément: il en mangea le lendemain; & ce mets favori lui caufa la mort.

La Marquife donna quelques jours à la décence : mais le huitième, ayant appris que le Prince étoit plus mal qu'on ne penfoit, elle paffa fur toutes les confidérations, & courut chez lui. Elle entra néanmoins auparavant chez la Douairière, & lui fit part des inquiétudes qui occafionnoient fa démarche.

“ Eſt-il donc aſſez mal pour que vous manquiez aux convenances ?” dit la Princeſſe.

“ Je le crois ; mais voyez-le : je m’en rapporterai à vous.”

Madame DE N** paſſa chez ſon fils. Elle entr’ouvrit les rideaux, & le trouva mourant. Elle s’écria. Le ſon de ſa voix ranima le jeune Prince, qui, en lui tendant les bras, laiſſa voir le portrait de la Marquiſe, qu’il portoit ſur ſon cœur.

“ Eſt-ce elle qui vous met dans cet état ?” lui dit ſa mère. “ Hélas !... mon cher fils ! La Marquiſe eſt là ; elle eſt venu pour vous voir ...”

“ Ah ! que je la voie !...”

La Marquiſe parut en deuil.

“ Mon cher coufin,” dit-elle en fe penchant fur fon lit, “ qu’avez-vous ?”

“ Madame ! . . . eft en grand deuil !”

“ Oui, mon fils, fon mari n’eft plus : je n’avois pas voulu vous le dire.”

“ Ah ! . . . Mais le malheur d’autrui ne caufe qu’une joie coupable !” . . .

Cette réflexion tempéra celle du Prince de N**. Il faifit la main de la Marquife ; &, la preffant contre fon cœur, il lui dit : —“ Je mourois d’ennui.”

“ D’ennui !”

“ Votre fociété feule pouvoit m’en préferver . . .”

Un évanouiffement l’empêcha de continuer . . . On eut les plus grandes alarmes, que le médecin ne calma guère : il déſeſpéroit de la vie du Prince. Mais quand on lui eut indiqué le remède, il preſcrivit la conduite à tenir : il obſerva ſon malade : il vit, les jours ſuivans, que la Marquiſe étoit le ſeul remède à ſon mal.

Le mariage ſe fit dans la chambre du malade, la troiſième ſemaine du veuvage. Ce mariage fut tenu ſecret. La Marquiſe, avec les ſoins les plus tendres & les plus ménagés, fut près d'un an à rétablir ſon mari, dont elle devint la garde-malade. La douleur avoit altéré la maſſe du ſang : mais qu'on imagine combien ces ſoins aſſidus, délicats, augmentèrent la tendreſſe & l'attachement du Prince !... Ils n'augmentèrent cependant ni l'eſtime ni l'amour : c'étoit l'impoſſible.

# TABLEAU XXI.

## LA SURPRISE.

On épouſe une femme, on vit avec une autre,
Et l'on n'aime que ſoi ! . . .

LE COMTE DE CHEPY avoit épouſé Mademoiſelle DE JALONS. Ce mariage s'étoit comme tant d'autres, parce qu'il falloit ſe marier pour perpétuer ſon nom, parce que la Demoiſelle étoit égale en naiſſance, en fortune, & parce qu'elle n'étoit pas laide : elle ne fut ni aimée ni haïe. Son mari fut très-poli à ſon égard ; & le mari & la femme paroiſſoient très-contens l'un de l'autre.

On ſait qu'il n'y a plus de fidélité à Paris ; tous les jours on y voit des objets attrayans, qui tentent parce qu'ils font variés, & que chacun d'eux offre le charme de la nouveauté ; charme fi puiffant.... le plus puiffant de tous fur les cœurs blafés !...

Mais à la campagne on pourroit être fidèle, avec deux conditions : la première, que la dame voudra bien affaifonner fes appas de quelque parure, de goût, & de propreté, trois chofes abfolument néceffaires ; de la grace, Mefdames, comme lorfque vous étiez filles ! C'eft en cela qu'excellent les Parifiennes ; mais ce n'eft pas dans le deffein de conferver le cœur de leur mari !

Monfieur DE CHEPY végétoit bonnement avec fa femme, dans fon château, environné de payfans & payfannes, avec lefquels il avoit intérêt de conferver de la dignité, lorfque Madame, ayant entendu parler de

*Figaro*, déſira vivement d'aller à Paris, pour voir cette comédie célèbre. Le Comte en avoit une égale envie. On partit un matin au mois de Mai, & l'on arriva dans la capitale. On ſe logea au Marais, rue Saint Anaſtaſe ; & dès le lendemain on alla voir le *Boulevard du Temple*.

C'étoit fête. Madame DE CHEPY s'étoit parée de ſon mieux. Elle avoit ſes cheveux à boucles ſerrées, un petit mantelet, une robe à la Françoiſe : elle étoit à dix ou douze ans des modes en uſage. Quelle fut ſa ſurpriſe en voyant une foule de nymphes en fourreaux, qui de loin avoient l'air de poupées de quinze ans. Elle ſe crut aux pays des fées : mais en les approchant, pour une qui étoit charmante, elle vit trente petites *vieillotes*, aux traits *ridotés*, *ratatinés*, qui faiſoient mouvoir vivement une prunelle terne inſignifiante. Elle en conclut qu'elle étoit plus belle que tout cela.

On devoit dîner chez la jeune MARQUISE DE S***, parente de la Dame. On y arriva ſur les trois heures : la jeune Marquiſe étoit miſe au dernier goût ; & auprès d'elle, Madame DE CHEPY fut réellement ridicule. Le Comte fut ébloui : il ne pouvoit s'empêcher d'admirer la jeune Marquiſe ; & chaque mot qu'il prononçoit, devenoit un compliment pour elle. Sa femme s'en impatienta, & prit de l'humeur. Dans un moment où elle croyoit n'être pas entendue, elle dit à ſon mari :—" Ne la louez donc pas. Faites ſeulement l'éloge de ſa parure : demain ou après, je veux être miſe comme elle ; & vous verrez !"

La Marquiſe entendit, & ſe promit de ſe venger.

Le Comte étoit bel homme. La Marquiſe n'avoit épouſé M. DE S*** que par obéiſſance ; & déjà deux ou trois amans l'avoient dédommagée des glaces de l'hymen. Elle ſourit au Comte, & acheva de l'enchanter.

En ſe quittant, il lui demanda permiſſion de la voir le lendemain. Elle y conſentit.

La Marquiſe, qui s'apperçut que Madame DE CHEPY étoit effectivement très-bien, vouloit prévenir l'effet de la parure dont on l'avoit menacée.

Le lendemain, avant la dernière toilette, le Comte arriva : il trouva la Marquiſe coëffée en boucles comme ſa femme, avec un petit bonnet comme on en portoit il y a dix ans. Elle étoit encore plus belle.

« Ah ! » lui dit-il, « vous avez les charmes de la nature ; la parure n'y fait rien ! . . . »

Il s'assit à côté d'elle : il lui dit les choses les plus flatteuses ; il avoit de l'esprit ; & l'on a le cœur neuf en province, ainsi que les sens. Il fut si aimable, que la Marquise, déjà fort agguerrie, le regarda tendrement... Tenté, enivré par une gorge demi-nue, il presse une taille svelte dans ses bras amoureux.

« Je vous adore, » lui dit-il ; « je sens mon cœur avec vous pour la première fois ! .... Belle Marquise ! mon bonheur dépend de vous ! »

Madame DE S*** fut émue : ses beaux yeux demi-clos ne laissoient tomber qu'un demi-regard sur son amant... mais qu'il étoit encourageant ! ...

On ne sait trop ce qui fut arrivé.

Mais dès l'instant du départ de son mari, la Comtesse déjà levée, & coëffée à son avantage,

avantage, c'eſt-à-dire comme le jour de ſon mariage (elle avoit amené de Chepy ſa femme de chambre PERRETTE), avoit demandé ſon remiſe, & avoit ſuivi ſon infidèle : elle arriva un inſtant après lui. Elle étoit connue de la veille : les gens de la Marquiſe venoient de voir entrer le mari ; ils ſe prêtèrent à ne pas annoncer. La Comteſſe entr'ouvre une porte garnie de ſerge verte, puis le battant d'une autre ; elle entre, & voit . . . ſon éloquent époux exprimer la plus vive paſſion . . .

" Quel langage ! ah ! jamais m'en a-t-il tenu un pareil !... Comme elle l'écoute !... Voyez-la donc ! ... Et elle ne le connoît que d'hier ! ... Ces femmes de Paris vont vîte . . .

La Comteſſe, à ces mots, ramaſſa les gants & le chapeau de ſon cher époux, recula quelques pas, & revint avec bruit.

Le Comte se dérangea : il voulut reprendre son chapeau ; il ne le trouva pas. La Marquise alloit se baisser pour ramasser son sac à l'ouvrage : il la prévint. En ce moment, sa femme rentroit.

« Monsieur, » lui dit-elle, « je vous rapporte votre chapeau & vos gants que j'ai ramassés là. Je remercie ma cousine de ses bontés pour vous. Je reconnois avec vous qu'en imitant ma coëffure, elle est aussi belle qu'avec la dernière mode : mais l'air de Paris m'est contraire. Ce soir nous verrons *Figaro*. Partons dès demain. Nous étions heureux à Chepy sans les nouvelles modes. »

« Partez, Madame, » répondit le Comte ; « pour moi, je reste. »

La Comtesse fut très-irritée : mais elle étoit polie.

Le ſoir on vit *Figaro*. Le rôle du petit Page la frappa. La Comteſſe ſe rappela qu'elle avoit aux Pages du Roi un jeune parent. Elle le fit inviter à venir la voir. Il accourut le jour même. La Dame avoit pris ſon nouveau coſtume : elle étoit réellement jolie, & ne paroiſſoit pas dix-huit ans. Le petit Page la trouva de ſon goût. La Comteſſe eut la même idée. On ſe convint, on s'arrangea.

Quinze jours après, le Comte alloit chez la Marquiſe. Sa femme le voyant prêt à ſortir, lui dit :—" Mais, Monſieur, que ne faiſons-nous partie quarrée ?"

" Comment cela, Madame ?"

" Mais, vous & la Marquiſe ; mon petit couſin & moi."

" Je le demanderai à Madame DE S*** ; & ſi elle y conſent, je le veux bien."

Il partit. A ſon arrivée, il parla de ſa propoſition de ſa femme.

« Et vous n'avez pas accepté ?"

« Non : j'ai voulu ſavoir votre ſentiment."

« Allez, vous êtes un Hottentot ! La propoſition de votre femme eſt du meilleur uſage ! c'eſt le dernier goût .... Allez, allez vîte la chercher vous-même ... Comment eſt-elle miſe ?"

Le mari le dit.

La Marquiſe, pendant l'abſence du Comte, fit une nouvelle toilette, qui la rendit très-piquante. La Comteſſe, ſure de ſa partie, avoit fortifié la ſienne : elle étoit à ravir. Son mari en fut frappé. Il amena le Page & ſa femme.

Qu'arriva-t-il ? On ne s'y attendroit pas ! C'eſt que le Page fut un aimant pour la Marquiſe ; la Comteſſe *replut* à ſon mari ; & la partie, au lieu d'être de libertinage, fut très-régulière, du moins pour le Comte & la Comteſſe... Il aima ſa femme quinze jours !

A cette époque, il ſe remit avec la Marquiſe, qui rendit le Page à la Comteſſe... Vive Paris, pour former les Provinciaux !

# TABLEAU XXII.

## LA PETITE LOGE.

LE jeune PRINCE DE RICHEBOURG se promenant un jour avec le jeune DUC DE L'ESTRADE, ils rencontrèrent une petite fille, dans les bras de sa mère, qui mendioit. Le Prince l'arrêta, & parut réfléchir.

« A quoi pensez-vous ?» lui dit le Duc.

« A une chose singulière ! Cette idée me rit. Voyez-vous cette pauvre femme, & cette enfant couverte de haillons ? Elle sera jolie un jour, en lui donnant des soins ... Je veux en faire un objet du culte public.

“ Et comment cela ?”

“ En la deſtinant au théâtre, ſoit pour le chant, ſoit pour la danſe, ou la déclamation.”

“ En effet cette idée eſt ſingulière !”

Le Prince dit à la femme de le ſuivre ; il les conduiſit dans une maiſon publique, paya, fit approprier la mère & la fille, puis les mit au couvent. On y éleva la petite ISABELLE pendant dix ans.

Le Prince ne l'avoit pas vue durant cet intervalle : il ſavoit ſeulement en gros que ſa protégée devenoit jolie. Ce fut en conſéquence qu'il envoya *Coulon* lui montrer à danſer, en même tems qu'un autre maître lui donnoit des leçons de muſique, & qu'un Acteur des François la faiſoit déclamer. Ce fut dans la danse qu'Isabelle excella.

Dès que son talent fut décidé, le Duc, toujours sans la voir, la fit entrer à l'Opéra, pour débuter. La mère étoit avec sa fille; c'étoit elle qui la dirigeoit. Isabelle prit un autre nom que le sien au théâtre de l'Opéra; & ce nom devint celui des graces.

Le Prince, alors occupé d'intrigue, parloit de sa pupille machinalement, & parce qu'elle étoit sur l'état de sa dépense. Il entendoit vanter le nouveau talent, sans se douter que ce fût à lui-même que le public en étoit redevable. Enfin un soir, le hasard le conduisit à l'Opéra : le Duc l'accompagnoit. Ils étoient seuls dans leur petite loge, lorsqu'Isabelle parut sur la scène, dans une entrée brillante de ballet. Le Prince & le Duc furent enchantés de sa figure, & le public de ſon talent : elle fut aſſaillie d'applaudiſſemens & de *bravo*.

"Parbleu," dit le Prince, "je veux complimenter cette charmante danſeuſe !"

Il dit à une des ouvreuſes d'aller de ſa part prier Mademoiſelle *** de venir dans ſa loge.

La belle danſeuſe s'y rendit avec ſa mère ; car dans ces occaſions la mère naturelle ou factice des filles de l'Opéra ne les quitte jamais.

Ni la mère ni la fille ne pouvoient avoir oublié le nom de leur bienfaiteur. Elles entrèrent timidement ; & la jeune Isabelle, encore ſans amant, parce que ſa mère vouloit une fortune tout d'un coup, avoit conſervé toute la timidité de l'innocence.

« Charmante ! adorable !" lui dit le Prince, ſans la remettre ; & lui paſſa ſous le menton une main un peu libre.

La mère, qui la crut reconnue, préſenta ſa fille, dont une main s'appuyoit déjà ſur le bras du Prince, tandis que l'autre bras s'étendoit, comme pour fuir.

" Comment la trouvez-vous, Monſeigneur ?" dit la mère : " vous voyez que vos ſoins généreux n'ont pas été perdus ?"

" Comment cela ?"

" Monſeigneur, c'eſt ISABELLE que vous voyez."

" ISABELLE !"

" Oui, cette pauvre enfant, objet de dédain, encore que plus de pitié, aux genoux de laquelle vous vous êtes proposé de faire tomber un jour le public entier."

"Ah, Ciel! c'est ma pupille!... Eh bien, mon ami, vous voyez que je ne m'étois pas trompé, puisque je réalise moi-même ce que j'avois prévu que feroient les autres.... Nous souperons tous quatre ensemble," dit le Prince; "& nous causerons..."

ISABELLE avoit encore à paroître sur la scène; elle descendit avec sa mère.

A la fin du spectacle, le Prince & le Duc allèrent dans sa loge, d'où l'on se rendit à une petite maison sur les Boulevards du Temple. On soupa. Le Prince s'informa de toutes les particularités arrivées à son ISABELLE depuis qu'elle étoit au théâtre. Il eut lieu d'être content. La mère lui montra un registre in-8vo. de 120 pages, rempli des propositions de la cour

& de la ville. ISABELLE n'en avoit accepté aucune ; & sa mère se réservoit le droit de les comparer.

Dans le nombre, étoit un jeune homme de famille financière, dont le nom frappa le Prince : il le voulut examiner. Ce jeune homme paroissoit fort amoureux. Il dit à la mère :—" Ma pupille devient pour moi un objet sacré : elle est pure : voyons ce que pourra devenir cette inclination, assez vive pour demeurer honnête ?" ... Il recommanda d'écarter tous les soupirans ; lui-même renvoya ISABELLE de bonne heure, & voulut que les domestiques restassent au dessert.

Le lendemain, le jeune amant s'étant présenté, il fut admis ; & la mère lui parla d'après les avis que le Prince lui avoit donnés. L'espoir d'être uniquement aimé, l'assurance de n'avoir point eu de prédéceſſeur, l'immenſité des propoſitions que le jeune homme avoit faites, & qui n'alloient pas à moins qu'aux deux tiers de ſa fortune, tout cela dut le déterminer à offrir le mariage. Isabelle, de ſon côté, qui trouvoit dans ce jeune homme ce qu'elle n'avoit pas rencontré dans les autres (de la jeuneſſe & de l'amabilité), conſentit à lui faire le ſacrifice de tous ſes futurs ſuccès.

Tel étoit l'état des choſes, lorſque la famille du jeune homme fut inſtruite de ſa réſolution. Au moment où le mariage devoit ſe conclure, il fut arrêté par ordre du Roi, & conduit en exil.

Isabelle & ſa mère ne ſe découragèrent pas ; elles s'aſſujettirent à vivre ſagement, & ſur-tout à bien établir la régularité de leur conduite... La jeune danſeuſe continua de ſe diſtinguer ; elle eut de brillans ſuccès, tant à Paris qu'à Londres. Elle étoit ſur le point de voir ſa conſtance & ſon mérite couronnés, lorſqu'elle fut enlevée à la fleur de ſes ans & de ſa beauté par une maladie aiguë.

Son jeune amant fut au déſeſpoir ; & le Prince ſon protecteur la pleura.

---

ADELE MERRI étoit une belle brune, la feconde de trois fœurs aimables. Il y avoit chez fes parens une efpèce de commis, frère d'un homme qui occupoit une place confidérable. On avoit placé le jeune D'ORRI chez Monfieur MERRI, pour le former aux affaires. Dès la première vue, le jeune homme devint amoureux d'ADELE, quoique ce fût un enfant de douze à treize ans, & que fa fœur aînée, déjà grande, & très-appétiffante, fût dans l'âge d'infpirer de l'amour.

Ce tendre fentiment, né dans le cœur de D'ORRI, ne chercha qu'à fe cacher. Il étoit vif, brûlant, autant que tendre, pour la jeune ADELE ; mais il ne le montroit que

que par des attentions dérobées ; & si elles étoient apperçues, il en marquoit de semblables aux deux autres sœurs.

La maison de Monsieur MERRI donnoit sur le Quai de la Vallée : on étoit souvent exposé, lorsqu'on venoit sur le devant, où étoit le bureau, à entendre des propos singuliers. D'ORRI, qui ne cherchoit qu'à conserver chastes l'ame & les oreilles d'ADELE, avoit soin, toutes les fois qu'il se tenoit des discours grossiers qu'elle pouvoit entendre, de causer avec elle, d'élever la voix, & même de la faire jouer, pour distraire son attention.

Il sortoit toujours avec la famille de Monsieur MERRI : sans affectation, il ne s'occupoit que de sa chère ADELE aux promenades : il donnoit tous les soins à la mère & aux sœurs, tandis qu'il n'y avoit rien qui pût faire impression sur une imagination délicate ; mais dès qu'il s'appercevoit que les yeux d'ADELE pouvoient se porter sur un objet indécent, il s'emparoit de la jeune personne, & la détournoit adroitement.

Les soins pour les choses d'agrément, il les prodiguoit aux sœurs ! cependant il restoit si froid avec l'aînée, qu'il évitoit de développer en elle un sentiment trop tendre.

Cette conduite, qui ne manifestoit qu'un attachement général, très-honnête, pénétra Monsieur & Madame MERRI d'estime pour le jeune homme.

Ils lui destinèrent secrètement leur fille aînée : mais comme ils ne la vouloient marier qu'à vingt ans, ils dissimulèrent.

D'ORRI continua de demeurer chez eux ; il y resta plus long-tems qu'on ne se l'étoit propofé : c'eft qu'on étoit content les uns des autres, & qu'on ne pouvoit fe quitter.

Le jeune homme ne tarda pas néanmoins à pénétrer les difpofitions des parens d'ADELE : il n'en fut pas effrayé : au contraire, il fut enchanté d'être traité en fils par Madame MERRI.

ADELE grandiffoit : foit par un fecret fentiment de fon mérite & de fa beauté, elle étoit extrêmement férieufe. Elle rioit auffi peu que fa puînée rioit beaucoup. Quant à l'aînée, c'étoit un caractère charmant ; & la bonté fe peignoit dans fes traits, comme elle étoit exprimée par fes difcours.

D'ORRI ne vit pas de meilleur moyen de fe conferver à celle qu'il aimoit uniquement, que de donner un amant à Mademoifelle MERRI : il chercha parmi fes connoiſſances, & trouva un jeune homme plein de mérite, qui le félicita de ſon bonheur de vivre dans une maiſon comme celle de Monſieur Merri. D'Orri voulut ſavoir le motif de ce compliment; car, dans ſes idées, tout le monde devoit adorer Adele. Mais le jeune d'Arneville nomma Mademoiſelle Merri l'aînée. Il avoua qu'il l'adoroit depuis trois ans; mais que, ne doutant pas qu'elle ne fût deſtinée à un jeune homme que ſes parens regardoient comme leur fils, & que d'Orri n'en fût aimé, il avoit renfermé dans ſon cœur ſa douleur & ſon amour.

D'Orri lui ſauta au cou, en lui diſant: —"Nous ne ſommes pas rivaux: Mademoiſelle Merri eſt aimable au plus haut degré; mais j'avois le cœur pris en entrant dans la maiſon."

Cette eſpèce de confidence reſſerra l'amitié des deux amis. D'Orri fit remarquer d'ARNEVILLE à Mademoiſelle MERRI, & lui vanta ſes qualités. Il parla auſſi à la mère. Madame MERRI crut alors que c'étoit pour ſonder ſes diſpoſitions, & qu'il étoit jaloux : elle l'aſſura qu'elle & ſon mari lui deſtinoient leur fille aînée, & qu'il auroit la préférence ſur le meilleur parti.

« Voulez-vous, Madame, » lui répondit-il, « que je condamne au déſeſpoir l'ami de mon enfance ? Il adore Mademoiſelle MERRI depuis trois ans : quant à moi, mon eſpoir le plus cher, c'eſt d'être votre gendre, votre fils... Mais vous avez trois Demoiſelles... Diſpoſez de moi, Madame ; je ſuis tout à vous... Mais ayez pitié de mon ami... »

En peignant ainſi les ſentimens de d'ARNEVILLE pour JULIE MERRI, d'ORRI exprimoit les ſiens pour ADELE.

Madame MERRI fut très-étonnée de ce qu'elle entendoit ! avant de répondre, elle voulut consulter son mari. M. MERRI examina D'ARNEVILLE, & lui trouva un grand mérite. Il fixa aussi son attention sur D'ORRI ; & avec son expérience il ne tarda pas à decouvrir qu'il adoroit ADELE. Celle-ci avoit dix-huit ans ; c'étoit la beauté même.

Le père eut bientôt pris son parti. Il communiqua sa découverte & sa résolution à sa femme, qui examina de son côté la conduite du jeune D'ORRI ; mais ce qui l'enchanta, ce fut la manière dont il aimoit. Elle vit, avec transport, que cet amant d'un nouveau genre ne cherchoit qu'à conserver pures les mœurs de sa maîtresse ; qu'il la surveilloit pour la préserver même des souillures involontaires . . . Elle l'interrogea. Ce fut alors que D'ORRI, se voyant découvert par une mère aussi pénétrante que tendre, lui exprima tout ce qui s'étoit paſſé dans ſon cœur, depuis le premier moment qu'il avoit vu la belle Adele.

Il ſuivit de ces éclairciſſemens, qu'on donna Mademoiſelle Merri l'aînée à d'Arneville, & qu'Adele fut deſtinée à d'Orri, pour deux années après. Le jeune homme ne cacha plus ſon amour; mais il le montra ſi noblement, ſi purement, qu'il excita l'admiration. Un jour qu'on l'en complimentoit, il répondit :—"*Je ne voulois être heureux que par la vertu; j'aurois été bien dupe d'employer le vice!*"

# TABLEAU XXIII.

## LA SORTIE DE L'OPE'RA.

IL n'eſt pas d'occaſion plus propre à donner une idée de toute la magnificence de la nation, que la ſortie d'un Opéra célèbre, long-tems attendu. Pendant le ſpectacle, on ne voit que des buſtes : mais lorſqu'à la ſortie tout s'agite, tandis que l'aboyeur appelle les voitures, & que les femmes attendent, c'eſt un mouvement qui tient du chaos. L'œil eſt ébloui & s'égare ſur cette *onduleuſe* multitude de beautés brillantes, de modes, de parures : ici l'on voit un *pouf*, plus loin un chapeau *à la pandoure*. Une jeune Ducheſſe nouvellement mariée, car elle a le bouquet & le chapeau, écoute les douceurs d'un petit-maître, tandis que ſon mari répond à un autre groupe. C'eſt là que se font les impromptus de soupers fins, & que les Abbés sans famille trouvent le secret d'être de toutes : on lorgne ; on se choisit entre cent pour s'apparier ; c'est le marché des plaisirs ; chacun y fait emplette pour le reste de la journée ; car il est tant de gens pour qui elle ne recommence qu'à *cinq* heures, & pour lesquels il est *midi* à la sortie de l'Opéra.

Démêlons, s'il est possible, dans cette foule immense, une aventure qui peigne les mœurs de ceux dont on voit l'extérieur brillant. Combien de réflexions morales sur le luxe se présentent ici à la pensée ! Que de gens sont écrasés par cette magnificence ! Que de fermiers impitoyablement traités après la grêle ! Que d'artisans non payés ! Que de citoyens vont être couverts de boue, renversés, broyés sous les roues de ces chars rapides ! Que de valets & de chevaux enlevés à la culture ! . . .

Mais laiſſons tout cela ; ces lieux communs, tout vrais qu'ils ſont, deviendroient ennuyeux.

A côté de la Bouquetière, étoit un certain Duc, gros garçon bien nourri, qui remettoit à une femme cette lettre & quelques louis, en lui montrant la jeune beauté.

« Diable, Monſieur, une nouvelle mariée ! Comment faire ? »

« Comme tu pourras ; tu en donnes tous les jours ! »

La Bouquetière mit la lettre dans ſon panier, ſerra les louis, & attendit que la jeune Dame s'approchât d'elle, en s'éloignant de la grande lumière : le mari tenoit une main ; de l'autre la jeune épouſée jouoit de l'éventail, meuble ſi néceſſaire aux belles : le petit-maître & un Abbé de Cour faiſoient l'arrière-garde.

Comment donner la lettre, qui peut-être feroit refufée ? L'honneur & l'intérêt de la Bouquetière fe trouvoient engagés à bien s'acquitter de fa commiffion. Elle choifit un beau paquet de rofes ; elle place le poulet entre les queues, qu'elle lie proprement avec du jonc : on ne voyoit pas de papier. Elle s'approche alors, & préfente fon paquet. On ne le recevoit pas.

" C'eft un hommage que je vous dois, & que je vous rends, belle Dame !"

La belle prit le paquet de rofes . . . Tandis qu'on s'approchoit de la voiture, & que l'époux donnoit fes ordres, la Bouquetière dit à la belle :—" Madame, ne lui mettez pas la queue dans l'eau . . . ;" & elle fe retira.

L'innocente beauté ne comprit pas trop ce que cela vouloit dire : cependant elle y réfléchit. Elle tint fon bouquet : elle lui trouvoit effectivement la queue groffe ; mais elle ne pouvoit foupçonner la vérité.

Arrivée chez elle, cette idée lui revint : —" Je ne fais ce que m'a voulu dire la Bouquetière, en me donnant ce paquet de rofes : *Ne lui mettez pas la queue dans l'eau !*"

" C'eft tout fimple, Madame," répondit la jeune SUZETTE ; " c'eft qu'il faut la défaire . . ." Et elle la défit.

" Voici une lettre !"

" Une lettre ?"

" Vous avez le tems de la lire, Madame ; vous êtes cenfée occupée ici avec moi."

La jeune Ducheffe ouvrit la lettre.

" Madame, je n'ai qu'un moyen de
" vous faire connoître mes fentimens, mes

« dispositions, votre état, votre famille, &
« les preuves que je puis vous donner sur
« ces deux derniers articles : je vous prie
« de m'accorder un moment d'entretien,
« à votre choix. Je ne suis pas un amant ;
« ainsi je ne suis pas pressé : il est cependant important que je vous parle, &
« que votre réponse me soit remise comme
« ma lettre vous l'a été, c'est-à-dire par
« la Bouquetière, sans aucune entremise
« de nos gens.

« J'ai l'honneur d'être, &c.

« Le Duc de F**. »

Cette lettre étonna d'autant plus la Duchesse, qu'elle n'avoit jamais eu de relation avec celui qui l'écrivoit. Elle fut d'abord tentée de la regarder comme une plaisanterie ; mais plus elle y réfléchit, plus sa curiosité fut excitée. Elle désira de retourner à l'Opéra.

Elle y alla le Mardi ſuivant. La Bouquetière s'approcha d'elle à la deſcente de ſa voiture, pour lui offrir des fleurs.

" J'en ai," lui dit la Ducheſſe ; " mais les vôtres ſont plus belles : donnez-moi ces roſes" . . . Et elle détacha ſon bouquet, qu'elle lui donna en lui diſant :—" Vous me le rendrez en ſortant."

Le Duc DE F** avoit ſu que la jeune Ducheſſe alloit à l'Opéra : il la ſuivoit ; & de ſa voiture il la vit parler à la Bouquetière. Dès qu'elle fut entrée, il courut au panier, & prit le bouquet de la Ducheſſe.

" Laiſſez, laiſſez donc !" lui dit cette femme : " moi ſeule je ſais où il faut regarder."

Elle le délia : le Duc apperçut un petit papier roulé entre les pédicules des œillets ; il le prit, & alla le lire.

" Je suis bien surprise, Monsieur, de ce
" que vous m'écrivez ! Ne vous connois-
" sant que de vue, & par le grand nom
" que vous portez, je ne vois pas quelle
" relation peut se trouver entre nous : ce-
" pendant pour ne rien avoir à me repro-
" cher, je vous réponds par la voie que
" vous avez choisie. L'entretien aura lieu
" en présence de deux personnes, une
" de votre côté, une du mien, mais qui
" n'entendront pas. C'est à vous à faire
" naître l'occasion."

Le Duc de F** fut transporté de joie : il avoit des vues sur le cœur de la belle Duchesse ; mais il vouloit établir auparavant entre elle & lui une sorte de correspondance. Il répondit sur-le-champ, & mit son billet dans le bouquet de la Duchesse. Il chargea la Bouquetière de le rendre, & de faire entendre que la commission étoit remplie. En effet, à la sortie de de l'Opéra, cette femme ſe fit voir, & dit encore ſon mot : *Ne mouillez pas la queue !*

« Madame, je penſe que nous pourrions
« avoir l'entretien également important
« pour tous deux, Jeudi prochain, à la
« Redoute Chinoiſe : j'y ferai ; diſpoſez
« tout pour que nous puiſſions nous par-
« ler : ſi pourtant vous ne le pouviez pas,
« ce feroit pour une autre fois."

On ſe rencontra ſur la terraſſe. Le Duc DE F**, ſans paroître lier converſation, ne voyant perſonne autour de la Dame, que ſon valet de chambre, & la femme de chambre de la Ducheſſe, lui dit :—" Madame, j'ai une grande ſingularité à vous apprendre ! c'eſt que vous êtes fille de votre nourrice, que votre mari l'eſt du cocher de ſon père, & que je ſuis, moi, le véritable fils du feu Duc votre beau-père ; c'eſt un arrangement fait par deux mégères qui déteſtoient leurs maris, & qui n'ont pas voulu tranſmettre un ſang odieux aux deſcendans qui porteroient le nom. Je ſuis poſſeſſeur d'un écrit bien ſigné, confirmatif de tout cela. Ainſi, vous voyez, Madame, que, d'après les vues de nos parens, nous étions réellement deſtinés l'un pour l'autre : d'un autre côté, je puis répandre des bruits ſourds, qui vous ſeroient déſavantageux. Je vous propoſe de nous lier, de nous voir en ſecret, & de réparer autant qu'il eſt en nous, le crime de nos mères . . ,"

La Ducheſſe étoit pétrifiée ! elle ne répondit pas. Pouvoit-il lui venir dans l'eſprit, que toute cette hiſtoire étoit une fable abſurde, inventée par un libertin qui étoit devenu amoureux de ſes appas naiſſans ? Jeune, ſans expérience, elle le crut. Elevée dans le préjugé de la haute Nobleſſe, elle rougit d'elle-même. Cependant elle demanda le mémoire. Le Duc de F** le montra, muni des ſignatures. Il lut deux des traits principaux, & remit une copie complette.

Cette odieuſe & nouvelle manière de ſéduire, alloit avoir un ſuccès bien malheureux, lorſque la jeune Ducheſſe, comme inſpirée, s'aviſa de conſulter la Duchesse de M**. Cette Dame ſage & prudente, que la Reine appeloit ſa mère, ſourit d'indignation : elle raſſura la jeune Ducheſſe, & lui promit de voir le ſéducteur. En effet, elle le confondit ; car il n'oſa jamais lui montrer l'original de ſa fable.

On a choiſi ce trait, ou plutôt cette eſquiſſe, entre mille. Mais combien d'autres marqueroient à quel point on porte la ruſe de la ſéduction ! On a préféré celui-ci, parce qu'il eſt récent & vrai.

## TABLEAU XXIV.

### LE SOUPER FIN.

VOULEZ-VOUS une image du bonheur, tel que l'eſpèce humaine peut le goûter ?

Voyez ce ſouper délicieux, où deux amans & deux belles, débarraſſés des valets, ſe livrent en liberté aux plaiſirs de l'amour & de la bouteille. L'un, ſe confiant au champagne, vient de haſarder une déclaration fort tendre & très-expreſſive, qu'il a donnée pour une chanſon qu'il veut reprendre après qu'on l'a lue ! Quel regard expreſſif ! . . . Quelle fineſſe dans l'œil de la belle ! L'autre parle, & n'écrit pas : mais il eſt preſſant ; & ſes diſcours un peu libertins font rougir.

“ Au moins,” lui dit-on, en lui verſant raſade, “ faites excuſer votre témérité par une pointe de vin !”

“ Ah ! j’ai une pointe d’amour ; & c’eſt bien mieux !”

“ Buvez . . . Je vais vous faire raiſon.”

“ Vous le voulez ? Allons : au lieu d’être *Thyrſis* ou *Colin*, je vais devenir *Anacréon*.”

“ En belle humeur ?”

“ Auprès de vous on y eſt toujours.”

Laiſſons ces deux couples : auſſi bien feroit-il dangereux de les ſuivre plus loin. Tirons le voile, pour ne pas alarmer la timide pudeur.

Les hommes dînent à Paris, & les femmes ſoupent. Elles ſavent que les lumières leur ſont plus favorables ; & elles ont fait du jour la nuit, & de la nuit le jour. A quatre heures dîneroient-elles ? Leur toilette les tient quelquefois juſqu'au ſoir.

On étoit chez la jeune DUCHESSE DE R*** : le DUC DE L** l'adoroit. Tous deux aimables, tous deux ſpirituels, ils ſe trouvoient aſſortis par la nature, & déſunis par l'hymen. La jeune Ducheſſe avoit épouſé un vieillard ; le Duc, une Douairière : le deſtin, maître des hommes & des dieux, avoit fait ces arrangemens. La jeune Ducheſſe fut d'abord fort triſte ; le jeune Duc eut beaucoup de chagrin : mais il avoit un ami, le COMTE G***, franc Picard, riche, gai, aimant tout ce qu'on peut aimer, riant de tout, pourſuivant le plaiſir, & tirant parti de ſes déconfitures pour en faire rire les autres. Ce qu'il aimoit le mieux après les belles, c'étoient ſes amis, ou après ſes amis les belles, car cela étoit alternatif ; après les belles donc, ou ſes amis, le vin ; après le vin, la bonne chère ; après celle-ci, le jeu modéré ; enſuite la chaſſe, le cheval, la promenade, la muſique, le ſpectacle : il étoit économe, bon envers ſes vaſſaux ; il aimoit qu'ils ſe réjouiſſent, qu'ils ſe mariaſſent ; & il avoit ſoin que l'aiſance leur en donnât envie. Tel étoit l'ami du Duc DE L**.

" Je ſuis bien chagrin," lui dit un jour ce dernier ; " on m'a marié à ſeize ans, avec une femme riche : j'en ai un fils : c'eſt tout ce qu'on demandoit ; & mon bonheur eſt ce qui a le moins occupé ! . . . On a donné Mademoiſelle DE M**** à ce vieux Duc ; & c'eſt elle qui auroit fait mon bonheur !"

" Et c'eſt elle qui le fera," répondit le Comte.

" Ah ! comment ? comment ? Elle eſt la vertu même ! . . . . Et d'ailleurs, je ne voudrois pas d'une félicité qui . . ."

" Vous n'aurez pas une félicité qui . . . mais une félicité ſolide. Laiſſez-moi faire : j'ai plus d'expérience que vous : j'accomplis vingt-neuf ans ; vous n'en avez que vingt-deux. On eſt encore bien romaneſque à votre âge ; mais on ceſſe de l'être au mien. Je connois fort la MARQUISE DE G***, ſon amie, qui eſt auſſi la mienne : nous ferons une liaiſon. La Marquiſe eſt belle ; je l'aimerai bien : vous & la Ducheſſe vous ſerez tout auſſi vertueux que vous voudrez l'être . . . Qu'importe où l'on trouve le bonheur, le plaiſir, pourvu qu'on s'amuſe !"

Le Duc fut conſolé par-là.

Peu de jours après, le Comte lui procura une entrevue avec la Ducheſſe, chez la Marquiſe : les deux amans ſe tinrent ſur une grande réſerve ; tout ſe paſſa en reſpect d'une part, en rougeur, en pudeur, en retenue, de l'autre.

" Vous êtes-vous ennuyé ?" dit le Comte à ſon ami, en ſortant.

" Jamais je n'ai eu tant de plaiſir."

" Laiſſez donc dire les Crébillons, les comédiens, & les petits-maîtres ; ſoyez un Céladon, ſi c'eſt votre goût. Il n'eſt de ſots rôles que ceux qu'on fait en baillant. Je ne conçois pas nos gens du monde, & nos auteurs à la mode, qui veulent qu'on ne s'amuſe & qu'on n'ait du plaiſir que d'une ſeule façon, qui eſt la leur : c'eſt une ſottiſe amère."

Ce fut d'après ces principes ſages que le Comte ſe conduiſit. Il aimoit la belle Marquiſe à ſa manière, & le Duc la jeune

Ducheſſe, à la ſienne ; jamais de mauvais conſeils ; jamais d'autres demandes, dans toutes les parties furtives qu'on faiſoit chez la Marquiſe, que celle-ci :—*Vous êtes-vous amuſé ?*

Mais enfin un ſoir, le Duc dit à ſon ami :—" Je ſuis éperdument amoureux ; mais je n'ai pas encore oſé déclarer mes ſentimens à la Ducheſſe."

" Il faut les lui déclarer de la manière que vous croirez la plus reſpectueuſe & la plus ſure," répondit le Comte ; " ſi vous penſez que cela ſoit déſormais néceſſaire à votre bonheur."

" Je le ferai ; mais, ſi je gâte tout ?"

" Nous tâcherons de vous donner les plaiſirs du raccommodement . . . Au reſte, conſultez bien l'occaſion : c'eſt encore un amuſement que cela."

On avoit lié une partie pour le lendemain chez la Marquiſe. Le Duc y vint plein d'eſpoir ; mais, trop timide pour parler, il avoit écrit ſa déclaration. On ſe mit à table à onze heures. Après qu'on eut renvoyé les domeſtiques, la converſation s'anima : la jeune Ducheſſe avoit une pointe de gaieté. On parla des ſacrifices qu'un amant peut faire à ſa maîtreſſe. La Marquiſe dit que le ſacrifice qu'elle préféroit à tous, étoit celui des lettres d'une rivale : en conſéquence, elle ſomma le Comte de lui livrer celles qu'il devoit avoir : il promit d'en apporter dès qu'il en auroit.

“ Pour moi,” dit la Ducheſſe, “ je préférerois un amant qui n'auroit jamais été dans le cas d'en recevoir. En avez-vous reçu ?” dit-elle au Duc.

Il héſita.

" Quoi ! vous en auriez reçu ?"

" Mais, Madame, ſans les avoir provoquées."

" Et les conſervez-vous ?"

" Je n'ai pas cru le pouvoir . . . à l'exception d'une néanmoins."

" Vous en avez une ?"

" Oui ; mais c'eſt à cauſe d'une chanſon qu'elle contient."

" Je n'ai pas le droit de vous demander des ſacrifices."

" Ce n'eſt cependant qu'à vous que je pourrois en faire."

" Quoi ! celui de la chanſon ?"

" Oui, Madame ; je l'ai même apportée à ce deſſein."

“ Ah ! . . .” Elle ſe retint.

Le Duc la tira de ſa poche, briſa le cachet, jetta l'enveloppe.

“ Quoi ! elle eſt cachetée !”

“ Je ne voulois plus la relire.”

“ Cela eſt délicat . . . Voyons.”

Elle lut. Son amant la ſuivoit des yeux. Elle devint ſérieuſe. Il voulut reprendre la lettre.

“ Non,” lui dit-elle, en le regardant avec complaiſance . . . “ J'aime mieux . . . une . . . déclaration . . . qu'une indiſcrétion ; & j'aime à voir que vous en êtes incapable.”

“ Ah ! que vous me rendez heureux, Madame, par ce mot charmant !” . . .

Et la Ducheffe acheva de lire ; & elle lui rendit fa lettre. Il la regarda. Elle chercha un porte-feuille, & elle la ferra.

" Je vous adore !" lui dit le Duc, en tenant les yeux fixés fur les fiens pour attendre faréponfe."

En ce moment le Comte fe leva doucement, & dit à la Marquife :—" Je voudrois bien revoir ce tableau charmant que vous avez dans votre cabinet."

Elle le comprit ; & elle s'y laiffa conduire.

" Vous m'aimez ?" répondit la Ducheffe. " Je n'en fuis point effrayée ; je vous connois ; & je fais que nous pouvons avoir de l'amitié l'un pour l'autre fans danger. La mienne eft fondée fur l'eftime."

« La mienne sur le respect, la vénération. Je serai heureux, si vous daignez me regarder comme l'homme à qui vous êtes chère plus que tout au monde !"

« Je vous regarderai comme un ami sûr, parfait, & préféré."

« Ce mot met le comble à mon bonheur."

Cette passion si pure se termina comme toutes les passions ; & dès qu'elle n'eut plus pour base le désir & l'estime, elle s'éteignit.

C'est une leçon pour toutes les femmes. Voulez-vous changer l'amour en amitié ? Ne donnez jamais à celle-ci l'aliment de l'amour. L'amitié veut une nourriture différente : de petits services, un ton gaie-

ment

ment affectueux, de la réserve sans pruderie ; voilà ce qui la conserve. L'amour, au contraire, veut des faveurs enivrantes, des élans, des transports, qui lassent, fatiguent, épuisent. Au lieu de se nourrir, il se suffoque & s'éteint. C'est le bonheur d'un jour ; l'amitié est le bonheur de toute la vie.

# TABLEAU XXV.

## LE SEIGNEUR CHEZ SON FERMIER.

REPOSEZ-VOUS, mes yeux, fatigués de ſcènes d'horreurs, ſur ce tableau tranquille & délicieux.

M. DE POUGUES, nouvellement poſſeſſeur de ſa terre, eſt allé voir ſon Fermier : ſon épouſe eſt avec lui : GRE'GOIRE lui rend compte de ſes travaux, tandis que la fermière préſente ſa bru, ſon petit-fils, & ſa petite-fille. Le Seigneur, frappé de la beauté de SUSANNE, de ſon air noble & modeſte, demanda qui elle étoit.

Voici le précis de la réponſe du fermier GRE'GOIRE:

SUSANNE LEPINOIS eſt une orpheline, laiſſée dans le village par ſa mère, qui l'y avoit miſe au monde. Le fermier GRE'-GOIRE, la voyant abandonnée, l'avoit donnée à nourrir à ſa femme, qui avoit trop de lait; & elle étoit grandie au milieu de ſes enfans . . . Il avoit un fils, qui alla ſervir à l'âge de ſeize ans juſqu'à vingt-quatre. Ce jeune homme ne s'étoit pas engagé par libertinage, mais de l'aveu dé ſon père, pour connoître le ſervice, & ſe mettre en état de ſe bien conduire. Pendant ſes ſemeſtres, il n'avoit pas négligé l'habitude du travail; & dans les garniſons, il avoit étudié un peu de pratique.

De retour à la maiſon, à l'âge de vingt-quatre ans, il y trouva SUSANNE, âgée de dix-huit : c'étoit la plus belle fille du canton. Le jeune GRE'GOIRE ſentit qu'il en devenoit éperdument amoureux.—" Mon père," dit-il au vieux GRE'GOIRE, " vous avez élevé SUSANNE : vous feroit-il désagréable qu'elle devînt entièrement votre fille, & que celle qui a été élevée avec vos enfans & comme vos enfans, fût confondue avec eux ?" — " Mon ami," répondit le Fermier, " ta mère & moi nous aimons tendrement SUSANNE ; & tout ce que nous avons le plus désiré, c'est qu'elle devînt notre fille : mais, je veux qu'elle ait une part d'enfant ; & tu ne l'épouseras qu'autant que tes frères & tes sœurs l'auront adoptée pour sœur & cohéritière."

Le jeune GRÉGOIRE remercia son père ; & le soir même, à table, toute la famille assemblée, le Fermier proposa l'adoption de SUSANNE. Les enfans, au nombre de sept, y consentirent avec transport. Alors GRÉGOIRE père se leva, fit placer SUSANNE entre sa femme & lui, & prononça les paroles suivantes :

*Susanne ! vous avez été élevée parmi nos enfans : nous ignorons quels sont votre père & votre mère ; mais comme nous vous en avons servi, & que nous vous chérissons, nous vous demandons de nous reconnoître pour père & mère, comme nous vous reconnoissons pour fille, copartageante avec nos autres enfans.*

Pour réponse, SUSANNE en larmes se jetta dans les bras de la Fermière.

*Nous vous adoptons,* reprit le Fermier; *nous vous nommons* SUSANNE GRÉGOIRE : *& nous vous demandons votre consentement pour épouser notre fils aîné* GRÉGOIRE.

SUSANNE y consentit avec le sentiment le plus vif de reconnoissance.

« Voilà, Monsieur," continua le Fermier, « ce qu'est ma bru."

Monſieur DE POUGUES & ſon épouſe furent très-ſurpris de ce qu'ils entendoient: mais en ce moment ils ne pouvoient en ſavoir davantage. Ils examinèrent leur bail; ils étoient venus pour diviſer la ferme générale de leur terre, en pluſieurs petits baux: mais d'après l'examen, ils trouvèrent GRÉGOIRE ſi honnête homme, qu'ils lui conſervèrent la ferme générale; parce qu'il en agiſſoit avec ſes ſous-fermiers, comme ils auroient agi eux-mêmes. Ils n'exécutèrent leur plan que dans d'autres terres.

Mais à leur retour à Paris, ils parlèrent de SUSANNE à toutes leurs connoiſſances. Un jour qu'ils s'étendoient ſur les louanges de cette jeune femme, au mari de laquelle ils venoient de donner une ferme particulière, un homme de quarante ans parut s'intéreſſer beaucoup à leur récit. Il prit des informations; & dès le lendemain, il courut à Pougues pour voir SUSANNE. Il l'y trouva ſeule, occupée des ſoins du ménage, dont elle s'acquittoit avec une aiſance & une grace particulière. En la voyant, il fut frappé de ſes traits : c'étoit ceux d'une ingrate, dont il n'avoit que ſoupçonné la groſſeſſe, & qui, l'ayant abandonné, n'avoit pas voulu qu'il connût tout ce qui auroit dû les réunir. SUSANNE n'avoit de ſa mère qu'un étui d'or, laiſſé même par oubli. Elle le montra à l'étranger, qui le reconnut. On n'en avoit rien ôté. Il ſe reſſouvint qu'en le donnant, il avoit mis dans un cure-dent doré, un billet roulé ; & il exprimoit à l'ingrate quelques craintes. On ne s'en étoit pas ſervi ; & il trouva encore le petit papier, qui jamais n'avoit été lu. Il ne put alors douter que SUSANNE ne fût ſa fille, puiſqu'à cette époque ſon infidelle n'avoit connu & pu connoître que lui. Il s'expliqua, revit la Dame mariée depuis, & alors veuve. Il la conduisit à la ferme : elle n'avoit pas eu d'enfans : elle ne put méconnoître sa fille, à ses traits, à l'époque, à l'étui, & à d'autres marques conservées. Elle consentit à épouser Monsieur D'ELPOYE, & à légitimer cette enfant, née dans un tems où elle étoit libre. SUSANNE fut donc reconnue ; & si elle n'a pas été l'unique héritière de ses parens, c'est qu'ils ont eu un fils. Mais on a pris soin de ses enfans, au nombre de trois, ainsi que d'elle & de son mari, le jeune GRE'GOIRE, qui, de fermier d'autrui, est devenu propriétaire d'une terre.

# TABLEAU XXVI.

## LE VRAI BONHEUR.

JE ſuis fâché de le dire, mais cette belle eſtampe en a menti ! Elle repréſente un père cultivateur encore jeune, qui revient de travailler aux champs, & qui trouve une femme aimable & des enfans chéris : l'un monte ſur une table pour l'embraſſer ; l'autre eſt entre ſa grand'-mère ébahie, & ſa mère enchantée ; le plus jeune eſt ſur les genoux de ſon père, & ſemble jouer avec le chien : dans le lointain eſt le vieillard, chef de la famille, qui parle d'affaires avec un étranger. Non, non, le bonheur n'eſt pas plus à la campagne qu'à la ville ! Ah ! que ne peut-on pénétrer dans le cœur de ce jeune père ! On y verroit les ſoucis cuiſans les peines, les inquiétudes déchirantes ! Le vrai bonheur n'eſt nulle part, que dans les tableaux, à l'Opéra, ou bien à la Comédie Italienne, dans certaines pièces . . . .

Voici pourtant un homme qui en approcha.

A Joux en Franche-Comté demeuroit un jeune écolier de Saci, appelé D'AUGI. Comme il annonçoit des diſpoſitions heureuſes, ſes parens l'avoient mis en penſion chez le maître d'école de Joux, homme inſtruit & ſage. L'école de Joux étoit alors l'image de l'innocence de l'âge d'or. Les filles y étoient confondues avec les garçons : point de différence de ſexe, ni d'état ; les enfans des pauvres s'y trouvoient avec ceux des riches.

Parmi les jeunes perſonnes de la bourgeoiſie qui venoient alors à l'école, étoient

ſes deux Demoiſelles GARNIER, filles du Bailli, les deux ſœurs BARBIER (JULIE & THE'RESE), & FE'LICITE' MOUCHOU, fille unique, & riche héritière. D'AUGI étoit joli garçon ; il avoit la figure noble & diſtinguée. En peu de ſemaines, ſes brillantes diſpoſitions ſe manifeſtèrent par une extrême facilité. On avoit déjà de l'inclination pour lui : ſon mérite décida. Il devint l'objet des attentions des cinq jeunes perſonnes que j'ai nommées. Les ſœurs GARNIER étoient les plus réſervées, & non les moins ardentes. JULIE BARBIER ne voyoit en lui que le compatriote d'un amant chéri ; car cette jeune & ſenſible perſonne avoit ſeize ans, & elle aimoit déjà un penſionnaire du maître d'école, retiré depuis un an. Pour THE'RESE, elle auroit bien voulu que D'AUGI la préférât. FE'LICITE' avoit un nez en l'air, un caractère vif ; elle étoit un peu marquée de petite vérole, & n'en étoit que plus piquante.

Un jour la belle JULIE ſe trouva ſeule à l'école avec D'AUGI.

« Mon camarade," lui dit-elle, « vous êtes un aimable garçon ; & je voudrois vous donner un conſeil."

« Vous me ferez une grande faveur, Mademoiſelle," répondit le jeune homme.

« Vous plaiſez à toutes mes compagnes : êtes-vous riche ?"

« Non, Mademoiſelle."

« En ce cas, voici mon avis. Attachez-vous à FE'LICITE' MOUCHOU ; faites-vous en chérir : ſes parens, qui l'adorent, la laiſſeront maîtreſſe de ſon choix. Les Demoiſelles GARNIER ſont trop hautes, & pas aſſez riches pour ſe marier à leur gré ; ma ſœur eſt un enfant ; moi, j'ai le cœur pris :

FE'LICITE' ſeule peut vous rendre heureux, & l'être avec vous. Suivez mes conſeils."

Le jeune D'AUGI, ſolidement élevé par des parens ſenſés, goûta l'avis de la belle JULIE, & en ſentit toute l'importance. Dès le même jour, il marqua des attentions dérobées à FE'LICITE'. Elle en fut ravie ; & elle mit elle-même du myſtère dans ſes démarches. Elle eut un entretien particulier avec D'AUGI, en venant à l'école de bonne heure ; & ils convinrent de leurs faits. Le mérite du jeune homme ſe découvrit de plus en plus. La renommée n'a pas grand chemin à faire dans un bourg ; elle parvint aux oreilles de Monſieur & de Madame MOUCHOU, qui s'en informèrent à leur fille. FE'LICITE' répondit en amante.

M. MOUCHOU voulut voir D'AUGI, qui fut invité à dîner. Le modeſte jeune homme acheva par ſa préſence l'ouvrage de la renommée. Les parens de la FE'LICITE' le goûtèrent ; & en quelques viſites, il les gagna tellement qu'ils le demandèrent à ſon père.

Le jeune homme fut placé dans la maiſon de ſon beau-père futur, qui l'étudia, en le mettant au fait de ſes affaires. D'AUGI avoit pour l'économie rurale d'excellentes diſpoſitions, qui ſe développèrent dans une maiſon opulente. Monſieur MOUCHOU, qui avoit cru donner des leçons, en reçut bientôt. Enchanté, il fit le mariage, en diſant à ſa fille :—" Ma FE'LICITE', je te donne le meilleur parti du royaume..."

D'AUGI, marié avec une épouſe aimable, dans un pays où règne encore aujourd'hui l'innocence des mœurs, fut d'abord le plus heureux des hommes. Oh ! qu'il paſſa des années délicieuſes ! Adoré, chéri de

ſa

ſa femme, qu'il adoroit lui-même, il la vit devenir ſix fois mère en douze ans. Il voyoit le bonheur de ſon beau-père, de ſa belle-mère; & ce bonheur étoit ſon ouvrage.

Cette famille fortunée, enrichie par un travail entendu, ſans oppreſſion, ſans injuſtice envers le pauvre, devint millionnaire, en opérant le bien de la province ou du canton... mais rien de ſtable en ce monde! La terrible révolution en 1789 eſt arrivée! D'Augi, l'honnête, l'heureux d'Augi, qui n'avoit d'autre crime que ſon bonheur, fut accuſé par des ennemis ſecrets, d'avoir accaparé... On ſe jette ſur ſa maiſon, on la pille; on le ſaiſit, on le maſſacre... Son beau-père, ſa belle-mère, périſſent dans le tumulte!... Une épouſe juſqu'alors heureuſe ne put ſupporter cet affreux malheur... Elle laiſſa orphelines six créatures innocentes, qu'on eut l'inhumanité de conduire aux Enfans-Trouvés... Ils n'y sont pas restés.

O Liberté, que tu coûtes cher à la nation qui t'achète par des crimes !

FIN.

www.ingramcontent.com/pod-product-compliance
Ingram Content Group UK Ltd.
Pitfield, Milton Keynes, MK11 3LW, UK
UKHW021150260726
13994UKWH00001B/372

9 782329 368658